Eva Koscher

# Corporate Social Responsibility

Eine empirische Untersuchung
über den Zusammenhang von CSR
und Unternehmenserfolg

**Koscher, Eva: Corporate Social Responsibility: Eine empirische Untersuchung über den Zusammenhang von CSR und Unternehmenserfolg, Hamburg, Igel Verlag RWS 2014**

Buch-ISBN: 978-3-95485-062-4
PDF-eBook-ISBN: 978-3-95485-562-9
Druck/Herstellung: Igel Verlag RWS, Hamburg, 2014

**Bibliografische Information der Deutschen Nationalbibliothek:**
Die Deutsche Nationalbibliothek verzeichnet diese Publikation in der Deutschen Nationalbibliografie; detaillierte bibliografische Daten sind im Internet über http://dnb.d-nb.de abrufbar.

© Igel Verlag RWS, Imprint der Diplomica Verlag GmbH
Hermannstal 119k, 22119 Hamburg
http://www.diplomica.de, Hamburg 2014
Printed in Germany

# Inhaltsverzeichnis

# Abbildungsverzeichnis

# Tabellenverzeichnis

# Abkürzungsverzeichnis

| | |
|---|---|
| Abb. | Abbildung |
| bzw. | beziehungsweise |
| CC | Corporate Citizenship |
| CFP | Corporate Financial Performance |
| CSP | Corporate Social Performance |
| CSR | Corporate Social Responsibility |
| DAX | Deutscher Aktienindex |
| DJSI | Dow Jones Sustainability Indexes |
| d.h. | das heisst |
| et al. | und andere |
| etc. | et cetera |
| f. | folgende |
| ff. | fortfolgend |
| GCR | Good Company Ranking |
| GKR | Gesamtkapitalrendite |
| Hrsg. | Herausgeber |
| OLS | Ordinary Last Squares |
| NGO | Non-Governmental Organisation |
| vgl. | vergleiche |
| z.B. | zum Beispiel |
| z. T. | zum Teil |

# 1. Einleitung

## 1.1 Einführung in die Thematik

In den letzten Jahren und Jahrzehnten hat das Thema der sozialen und ökologischen Verantwortung von Unternehmen sowohl in der öffentlichen Diskussion als auch in der Wissenschaft immer mehr an Bedeutung gewonnen und die Unternehmen sehen sich einem wachsenden Druck ausgesetzt, CSR-Prinzipien in ihrem Handel zu berücksichtigen (vgl. Heugens / Dentchev 2007, S. 2 ; Pinkston / Carroll 1996, S. 200). Die Öffentlichkeit und vor allem die Konsumenten beobachten kritisch das Handeln der Firmen und richten ihre Kaufentscheidungen danach aus und auch der Staat fordert in zunehmendem Maße von den Unternehmen eine Verantwortungsübernahme im Zusammenhang mit gesellschaftlichen Problemen (vgl. Harrison / Freeman 1999, S. 479). Als beispielsweise der Sportartikelhersteller Nike in den frühen 90er Jahren wegen nicht vertretbarer Arbeitsbedingungen bei seinen in Entwicklungsländern ansässigen Zulieferern ins Gerede kam, schlug sich diese schlechte Publicity sehr schnell in einer schlechten Bilanz nieder (vgl. Brown 2003, S. 3 ; Porter / Kramer 2006, S. 2). Ähnliches widerfuhr der Deutschen Bank Anfang 2005, als diese ankündigte, trotz eines Jahresüberschusses von 2,5 Milliarden Euro im Jahr 2004 weltweit 6400 Mitarbeiter entlassen zu wollen. Die Öffentlichkeit reagierte mit Empörung und kritisierte, dass der Blick der Manager scheinbar allein auf den Aktienkurs gerichtet sei und das Schicksal der Beschäftigten oder die sozialen und ökologischen Probleme der Welt nicht berücksichtigt würden (vgl. Sydow 2005, S. 12 ; Semler 2004, S. 13 ; Schwalbach / Schwerk 2007, S. 11). Führende Politiker wie beispielsweise der damalige SPD-Parteivorsitzende Franz Müntefering tadelten die *„international wachsende Macht des Kapitals"* und die totale *„Ökonomisierung eines kurzatmigen Profit-Handelns"* und forderten die Unternehmen auf, sich für ihre Arbeitnehmer und für ihren Standort verantwortlich zu fühlen (vgl. Müntefering 2005).

Entgegen dieser Aufforderung seitens der Politik steht jedoch die Ansicht von Milton Friedman, der die Profit-Maximierung als die einzig wirkliche gesellschaftliche Verantwortung eines Unternehmen betrachtet (vgl. Friedman 1970). Zudem vertreten viele Ökonomen die Ansicht, dass die Maximierung des Shareholder-Values die einzige einer marktwirtschaftlichen Ordnung entsprechende Leitmaxime der Unternehmenspolitik ist (vgl. Sydow 2005 S. 12 ; Wagner 1997, S. 1).

Dessen ungeachtet scheinen jedoch auch immer mehr Unternehmen der Überzeugung zu sein, dass eine alleinige Fokussierung auf die wirtschaftliche Leistung des Unternehmens nicht mehr zeitgemäß ist (vgl. Promberger / Spiess 2006, S. 1) und integrieren deswegen soziale und ökologische Aspekte in ihre strategische Unternehmensausrichtung.

Es stellt sich hier jedoch die Frage, ob Unternehmen dies aus altruistischen Motiven heraus tun oder ob sie sich von ihrem sozial verantwortlichen und ökologisch tragfähigen Handeln einen Mehrwert erhoffen. Denn die Nutzendimensionen eines solchen Handelns können vielfältig sein und reichen von einer Steigerung der Glaubwürdigkeit und einem verbesserten Image über eine erhöhte Kunden- und Mitarbeiterbindung bis hin zu einer Abgrenzung von Konkurrenzunternehmen und einer erhöhten Investitionssicherheit (vgl. Promberger / Spiess 2006, S. 1).

Wenn es wirklich zutrifft, dass ein sozial und ökologisch verantwortliches Handeln letztendlich zu einem Mehrwert für das Unternehmen führt, besteht kein Widerspruch zwischen der Profitmaximierung einerseits und der Übernahme gesellschaftlicher Verantwortung andererseits und Unternehmen sollten allein schon aus eigennützigen Motiven heraus verantwortlich handeln. Obwohl zu dieser Frage bereits einige Studien durchgeführt wurden, konnte die Relevanz von Corporate Social Responsibility für den Unternehmenserfolg bisher nicht eindeutig empirisch bestätigt werden, so dass weitere Forschung auf diesem Gebiet wünschenswert ist. Die Europäische Kommission beispielsweise bemerkt explizit: *„Es besteht Bedarf, die Kenntnis der Auswirkungen der sozialen Verantwortung der Unternehmen auf die Unternehmensleistung zu vertiefen und zu erweitern"* (Kommission der Europäischen Gemeinschaften 2001, S. 8).

Die vorliegende Arbeit widmet sich daher der Frage, ob gesellschaftlich verantwortlich handelnde Unternehmen erfolgreicher sind und untersucht, ob es eine Korrelation zwischen der Corporate Social Responsibility und dem Unternehmenserfolg gibt. Kern dieser Arbeit ist eine empirische Untersuchung des Zusammenhanges zwischen den beiden Variablen gesellschaftliche Verantwortung von Unternehmen und Unternehmenserfolg.

## 1.2 Aufbau der Arbeit

Bevor der Zusammenhang zwischen der gesellschaftlichen Verantwortung von Unternehmen und dem Unternehmenserfolg untersucht werden kann, ist es notwendig, auf die Entwicklung des CSR-Konzepts einzugehen und eine Begriffsdefinition vorzunehmen. Dieser Aufgabe widmet sich das Kapitel 2, in welchem ein auf dem aktuellen Entwicklungsstand der wissenschaftlichen und öffentlichen Diskussion basierendes begriffliches und konzeptionelles Verständnis von CSR erarbeitet wird. Darauf aufbauend wird in Kapitel 3 erörtert, welche Argumente für bzw. gegen das CSR-Konzept sprechen und welche wissenschaftlichen Theorien sich mit dem Thema CSR befassen. Kapitel 4 dieser Arbeit geht anschließend der Frage nach, wie sich die gesellschaftliche Verantwortung sowie der Erfolg eines Unternehmens bewerten lassen und stellt eine Reihe von Studien vor, die sich mit dem Zusammenhang zwischen Corporate Social Responsibility und Unternehmenserfolg befasst haben. Im Anschluss daran erfolgt in Kapitel 5 eine eigene empirische Untersuchung. Im letzten Kapitel werden die gewonnenen Erkenntnisse noch einmal zusammengefasst und es wird erörtert, welchen Fragen im Zuge weiterer Forschung nachgegangen werden sollte.

# 2. Entwicklung des CSR-Konzepts

*„…CSR represents action that appears to further some social good, extends beyond the explicit economic interests of the firm, and is not required by law"*

*Godfrey / Hatch 2007, S .88*

Rund um das Thema „Verantwortung von Unternehmen" gibt es eine Vielzahl verschiedener Begriffe. Der Terminus *Corporate Social Responsibility* (CSR) findet zwar in zunehmendem Maße Verwendung, jedoch bleibt bei näherer Betrachtung häufig unklar, was genau unter der gesellschaftlichen Verantwortung von Unternehmen[1] verstanden wird (vgl. Loew et al. 2004, S. 18). Zurückzuführen ist dies vor allem darauf, dass der Begriff CSR noch nicht abschließend definiert wurde und es daher in Praxis und Wissenschaft sowie auch innerhalb dieser Bereiche selbst sehr unterschiedliche, zum Teil divergente Auffassungen und Definitionen von CSR gibt (vgl. Loew et al. 2004, S. 18 ; Dresewski et al. 2001, S. 2).

Um Missverständnissen und Fehlinterpretationen vorzubeugen, die nicht in der Sache begründet, sondern rein sprachlichen Ursprungs sind, vermittelt dieses Kapitel daher zunächst einen Überblick über die historische Entwicklung des CSR-Konzepts, bevor der Begriff *Corporate Social Responsibility* anschließend definiert und von anderen in diesem Kontext oft auftauchenden Begriffen wie z.B. *Corporate Social Performance*, *Corporate Citizenship*, *Nachhaltigkeit* oder *Corporate Governance* abgegrenzt wird.

## 2.1 Historischer Ursprung von CSR

Obgleich der Begriff CSR erst im 20. Jahrhundert geprägt wurde und die gesellschaftliche Verantwortung von Unternehmen vor allem in den letzten Jahrzehnten immer stärker in den Fokus der Wissenschaft geraten ist, handelt es sich hierbei keineswegs um ein völlig neues Gedankengut, sondern um ein Konzept mit einer langen Geschichte (vgl. ISO Advisory Group an Social Responsibility 2004, S. 2 ; Carroll 1999, S. 268). Viele Autoren sehen die historischen Wurzeln im antiken Griechenland, da einige griechische Unternehmer aus uneigennützigen Motiven heraus Geld und Nahrung an arme Bürger verschenkten (vgl. Loew et al. 2004, S. 18). Als ein weiteres

---

[1] Der Begriff „Corporate Social Responsibility" (CSR) und die „gesellschaftliche Verantwortung von Unternehmen" werden in der vorliegenden Arbeit synonym verwendet.

historisches Beispiel wird von der ISO Advisory Group on Social Responsibility (2004) die Ost-Indien Company genannt, die gegen Ende des 18. Jahrhunderts bei der Zuckerproduktion auf den Einsatz von Sklaven verzichtete, nachdem englische Konsumenten mit dem Boykott ihrer Produkte begonnen hatten. Auch die von Quäkern geführten Unternehmen im 19. Jahrhundert lassen sich als ein historisches Beispiel für ein gesellschaftlich verantwortliches Handeln anführen. Zum einen bauten diese Unternehmen in England für ihre Beschäftigten Schulen, Büchereien und ganze Orte, zum anderen entlasteten sie die Umwelt, indem sie das in der Produktion verwendete Wasser aufbereiteten und wieder verwendeten (vgl. ISO Advisory Group on Social Responsibility 2004, S. 2).

Obwohl ein gesellschaftlich verantwortliches Handeln durch einzelne Unternehmen also durchaus schon seit längerer Zeit praktiziert wurde, existierte über einen langen Zeitraum hinweg kein allgemeines Verständnis über die gesellschaftliche Verantwortung von Unternehmen. Und auch eine wissenschaftliche Auseinandersetzung mit dem Thema fand lange Zeit nicht statt (vgl. ISO Advisory Group on Social Responsibility 2004, S. 2f.). Dies änderte sich jedoch Mitte des vorigen Jahrhunderts, als es im Zuge der Industrialisierung zu einer neuen Rollenverteilung zwischen Staat und Gesellschaft kam (vgl. Promberger / Spiess 2006, S. 2f.). Mit der Entwicklung großer Konzerne veränderte sich auch die Gesellschaftsstruktur, statt kleiner, über den Marktmechanismus kontrollierter Unternehmen entstanden in zunehmendem Maße große Unternehmen mit konzentrierter Macht (vgl. Loew et al. 2004, S. 18) und zunehmender Gestaltungskraft (vgl. Schmitt 2005, S. 1).

Vor allem diese neu entstandenen großen Unternehmen verspürten in zunehmendem Maße den Druck der Öffentlichkeit (vgl. Promberger / Spiess 2006, S. 2), die von den Unternehmen forderte, eine gesellschaftliche Verantwortung zu übernehmen und sich in sozialen und ökologischen Bereichen zu engagieren. Parallel hierzu wurde das Thema CSR auch in den (Wirtschafts-)Wissenschaften aufgegriffen und es begann eine wissenschaftliche Debatte über die Verantwortung von Unternehmen und ihre Rolle in der Gesellschaft. (vgl. Loew et al. 2004, S. 19). Diese wissenschaftliche Auseinandersetzung mit dem Thema CSR fand jedoch zunächst ausschließlich in den USA statt. Von dort stammt daher auch ein großer Teil der Autoren und der Literatur zu den konzeptionellen Grundlagen von CSR (vgl. Schmitt 2005, S. 6 ; Carroll 1999, S. 268).

## 2.2 Beginn der wissenschaftlichen Debatte um CSR

Als Beginn der wissenschaftlichen Debatte um CSR wird von vielen Autoren die 1953 von Bowen, dem *„Father of Corporate Social Responsibility"* (Carroll 1999, S. 270), veröffentlichte Publikation *„Social Responsibilities of the Businessmen"* angesehen (vgl. Loew 2004, S. 19; Carroll 1979, S. 497). Aus der Tatsache, dass nicht nur die von den Unternehmen hergestellten Produkte, sondern auch die Unternehmensaktivitäten das Leben der Bürger in vielen gesellschaftlichen, sozialen und kulturellen Bereichen beeinflussten, schloss Bowen, dass Unternehmen die Verpflichtung haben, sich an den herrschenden gesellschaftlichen Normen und Werten zu orientieren: *„It refers to the obligations of businessmen to pursue those policies, to make those decisions, or to follow those lines of action, which are desirable in terms of objectives and values of our society"* (Bowen 1953, S. 6). Während zu Beginn der Diskussion der Schwerpunkt noch auf der Verantwortung einzelner Geschäftsmänner lag, rückte Ende der 1960er die gesellschaftliche Verantwortung der Organisation, also des gesamten Unternehmens, in den Mittelpunkt (vgl. Loew et al. 2004, S. 20).

Seit dieser Zeit wurden von Wissenschaftlern unterschiedlicher Disziplinen eine ganze Reihe unterschiedlicher, teilweise sehr kontroverser Konzepte und Theorien zum Thema CSR entwickelt (vgl. Maignan / Ferrell 2004, S. 4 ; Garriga / Melé 2004, S. 51), so dass es sich bei dem Thema heute um ein nahezu unüberschaubares Feld handelt: *„The Corporate Social Responsibility (CSR) field presents not only a landscape of theories but also a proliferation of approaches, which are controversial, complex and unclear"* (Garriga / Melé 2004, S. 51). Hinzu kommt noch, dass es bislang auch keine einheitliche und allgemein akzeptierte Definition von CSR gibt. Schon 1972 schrieb Votaw den vielzitierten Satz *„corporate social responsibility means something, but not always the same thing to everybody"* (Votaw 1972, S. 25) und auch heute herrscht lediglich darüber Einigkeit, dass es sich bei dem Begriff CSR um ein theoretisches Konstrukt handelt, für das es keine allgemein gültige Definition gibt (vgl. Carroll 1979, S. 498 ; Dresewski et al. 2001, S. 2 ; Loew et al. 2004, S. 18). Visser (2005) liefert empirische Daten, aus denen klar hervorgeht, dass es eine große Vielfalt von CSR-Definitionen gibt und dass auch in wissenschaftlichen Untersuchungen und sonstiger Fachliteratur kein Konsens über die Geltungsbereiche und Exklärungsinhalte von CSR existiert (vgl. Visser 2005, S. 3). Andersrum ist jedoch auch CSR nicht die einzige existierende Bezeichnung für denselben Bereich der empirischen Realität, weshalb es nötig ist, auch angrenzende Begriffe zu erörtern (vgl. Visser 2005, S. 2). In den folgenden Abschnitten werden daher zunächst zwei der am weitesten verbreiteten CSR-Konzepte vorgestellt und es wird erläutert, welche Definition von CSR der vorliegenden Arbeit zugrunde liegt, bevor der Begriff CSR von anderen Begriffen abgegrenzt wird, die im Zusammenhang mit der gesellschaftlichen Verantwortung von Unternehmen auftauchen.

## 2.3 Das CSR-Konzept nach Carroll

*„The social responsibility of business encompasses the economic, legal, ethical, and discretionary expectations that society has of organisations at a given point in time."*

*Carroll 1979, S. 500*

In seiner 1979 erschienenen Veröffentlichung *„ A Three-Dimensional Conceptual Model of Corporate Performance"* argumentiert Carroll, dass es sich bei der gesellschaftlichen Verantwortung von Unternehmen um ein Konstrukt handelt, das sich in die vier Bereiche ökonomische, rechtliche, ethische und freiwillige (bzw. philanthropische[2]) Verantwortung unterteilen lässt (vgl. Carroll 1979, S. 500).

Gemäß dem von Carroll entwickelten Modell stellt die ökonomische Verantwortung das Fundament für ein funktionierendes Unternehmen dar. Für ein Unternehmen als wirtschaftliche Einheit besteht vor allem anderen die Aufgabe, Güter und Dienstleistungen zu produzieren und diese gewinnbringend zu verkaufen. Die Erbringung dieser Leistungen muss jedoch innerhalb der gesetzlichen Grenzen erfolgen, weshalb die rechtliche Verantwortung den zweiten Bereich von Verantwortung darstellt. Sowohl die rechtliche als auch die ökonomische Verantwortung werden von den Unternehmen gefordert und stellen daher eine notwendige Bedingung dar, damit das Unternehmen überhaupt bestehen kann (vgl. Carroll 1979).

Bei dem dritten Bereich der Verantwortung handelt es sich um die ethische Verantwortung. Im Gegensatz zu den beiden vorherigen Bereichen gibt es hier keine klaren Vorschriften, wie sich ein Unternehmen verhalten soll, um ethisch verantwortlich zu handeln. Vielmehr kommen hier die Erwartungen der Gesellschaft zum Ausdruck,

---

2  Ursprünglich bezeichnete Carroll die vierte Dimension als „Discretionary Responsibilities" (Carroll 1979), in späteren Veröffentlichungen bezeichnete er diese Dimension als „Philanthropic Responsibilities" (vgl. Carroll 1999).

dass sich die Unternehmen gemäß den Normen und Werten der Gesellschaft verhalten sollen (vgl. Carroll 1979). Obgleich sich dieser Bereich damit zum Teil auf ungeschriebene Gesetze bezieht, muss ein Unternehmen mit Sanktionen rechnen, wenn es sich nicht an diese Vorgaben hält (z.B. kann es zu Boykotten kommen, wenn Verbraucher der Meinung sind, dass sich ein Unternehmen unethisch verhält) (vgl. Promberger / Spiess 2006, S. 9).

Die philanthropische Verantwortung stellt in Carrolls Modell den vierten und letzten Bereich der Verantwortung dar. Dieser beruht auf dem Prinzip der Freiwilligkeit und umfasst einen nicht klar umrissenen Bereich von unternehmerischen Aktivitäten, die von der Gesellschaft zwar nicht erwartet, aber gewünscht werden: *„societal expectations do exist for businesses to assume sociale roles over and above those described so far"* (Carroll 1979, S. 500). Von einem Unternehmen, dass seiner philanthropischen Verantwortung gerecht werden will, wird also erwartet, dass es sich auf freiwilliger Basis gesellschaftlich engagiert (vgl. Carroll 1979).

1991 überarbeitete Carroll sein CSR-Konzept und entwickelte das Pyramiden-Modell, in dem die ökonomische Verantwortung die unterste Basis und die philanthropische Verantwortung die Spitze der Pyramide darstellt (siehe Abbildung 1).

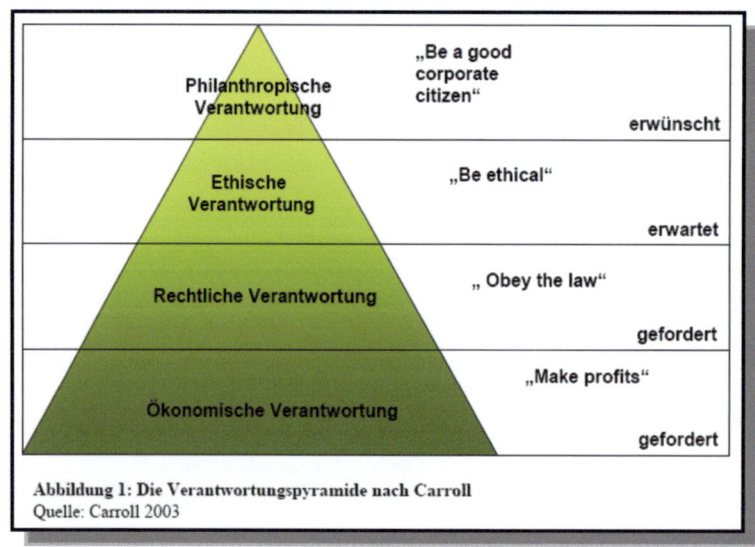

Abbildung 1: Die Verantwortungspyramide nach Carroll
Quelle: Carroll 2003

Das überarbeitete Konzept verdeutlicht, dass die einzelnen Ebenen nicht getrennt voneinander verwirklicht werden können. So muss zum Beispiel ein Unternehmen, dass sich ethisch verantwortlich zeigen will, zuerst seiner rechtlichen und ökonomischen Verantwortung gerecht werden, bevor es überhaupt die Möglichkeit besitzt, sich der ethischen Verantwortung zu widmen (vgl. Carroll 1991). Carroll betont durch sein

Pyramidenmodell also noch einmal *„the importance of economic responsibilities as a fundamental concern"* (vgl. Branco / Rodrigues 2006, S. 114). Um als ein gesellschaftlich verantwortlich handelndes Unternehmen gelten zu können, muss eine Firma sich in allen vier Bereichen der gesellschaftlichen Verantwortung engagieren. Um dies zu erreichen, kann sie sich an folgendem von Carroll formulierten Leitsatz orientieren: *„...strive to make a profit, obey the law, be ethical, and be a good corporate citizen"* (Carroll 1991, S. 43).

Das von Carroll entwickelte CSR-Konzept ist in der Wissenschaft weit verbreitet und liegt auch vielen Studien zugrunde, die sich mit dem Thema CSR und Unternehmenserfolg auseinandersetzen. Im europäischen Raum hat sich jedoch ein anderes CSR-Konzept durchgesetzt, auf das im folgenden Abschnitt eingegangen wird.


## 2.4 Das CSR-Konzept der Europäischen Kommission

Obgleich auch in Europa in den letzten Jahrzehnten verstärkt diskutiert wurde, in welchen sozialen und ökologischen Bereichen die Unternehmen mehr Verantwortung übernehmen sollten, fehlte hier (mit der Ausnahme von Großbritannien) lange Zeit die Entwicklung eines ganzheitlichen CSR-Ansatzes (vgl. Loew 2004, S. 24). Dies änderte sich jedoch zu Beginn des 21. Jahrhunderts, als eine Reihe von Finanzskandalen auftraten und die Europäische Union (EU) das Thema CSR aufnahm.

Im März 2000 appellierte der Europäische Rat an das Verantwortungsbewusstsein der Unternehmen und im Jahr darauf veröffentlichte die Kommission der Europäischen Gemeinschaften das Grünbuch *„Europäische Rahmenbedingungen für die soziale Verantwortung der Unternehmen"* (vgl. Kommission der Europäischen Gemeinschaften 2001). Die Formulierung „soziale Verantwortung" führte dazu, das im Deutschen fälschlicherweise oft nur die soziale Dimension von CSR betont wird, obgleich CSR nach dem Verständnis der Europäischen Kommission nicht nur soziale, sondern in gleichem Maße auch ökologische Aspekte beinhaltet (vgl. Kommission der Europäischen Gemeinschaften 2001). Dies ist jedoch auf eine Schwäche der deutschen Übersetzung zurückzuführen, denn der Titel der englischen Ausgabe lautet *„Promoting a European Framework for Corporate Social Responsibility"*, was korrekt mit *„gesellschaftlicher Verantwortung von Unternehmen"* hätte übersetzt werden müssen (vgl. Loew et al. 2004, S. 25f.).[3] Dieser Sachverhalt wird auch deutlich, wenn man die CSR-Definition der EU betrachtet:

*„CSR ist ein Konzept, das den Unternehmen als Grundlage dient, auf freiwilliger Basis soziale Belange und Umweltbelange in ihre Tätigkeit und in die Wechselbeziehung mit den Stakeholdern zu integrieren".*

*Kommission der Europäischen Gemeinschaften 2002, S. 5*

Gemäß der Definition der EU werden zwei Dimensionen von CSR unterschieden. Zum einen gibt es die interne Dimension, die die Themen *„Arbeitsschutz"*, *„Humanressourcenmanagement"*, *„Anpassung an den Wandel"* sowie *„Umwelt-auswirkungen und Bewirtschaftung der natürlichen Ressourcen"* beinhaltet. Daneben gibt es eine externe Dimension, in der der Umgang mit *„lokalen Gemeinschaften"* und Geschäftspartnern erörtert wird und die die Themen *„Menschenrechte"* und *„Globaler Umweltschutz"* umfasst (vgl. Kommission der Europäischen Gemeinschaften 2001).

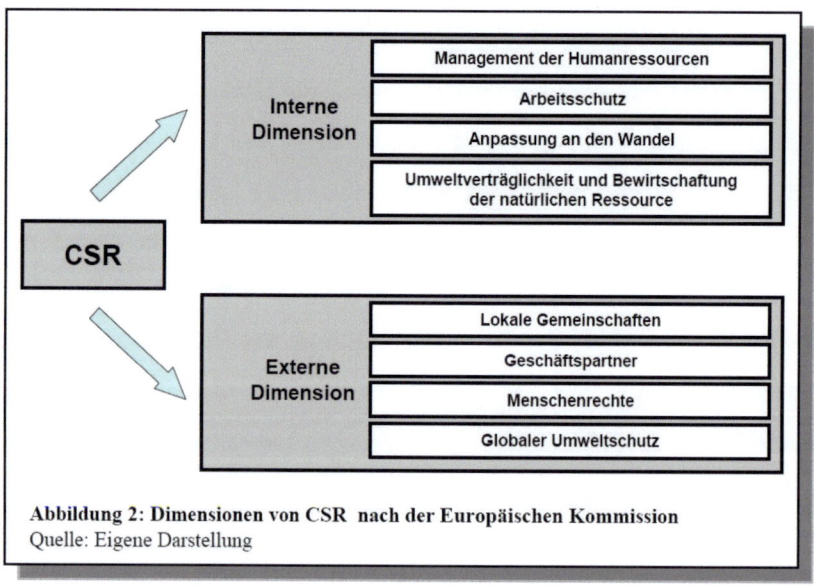

**Abbildung 2: Dimensionen von CSR nach der Europäischen Kommission**
Quelle: Eigene Darstellung

Die CSR-Definition der EU-Kommission wird im europäischen Raum allgemein akzeptiert (vgl. Schmitt 2005, S. 11 ; Loew et al. 2004, S. 73) und wird daher im Folgenden auch dieser Arbeit zugrunde gelegt. Zu beachten ist, dass die CSR-Konzeption der Europäischen Gemeinschaften im Gegensatz zu anderen CSR-

---

[3] Aufgrund der dargelegten Übersetzungsproblematik wird CSR in den Schriften der EU wird CSR meist mit „Soziale Verantwortung von Unternehmen übersetzt. In dieser Arbeit wird jedoch bewusst die besser zutreffende Übersetzung "Gesellschaftliche Verantwortung von Unternehmen" verwendet.

Konzeptionen die Verfolgung ökonomischer Ziele nicht als einen integralen Bestandteil von CSR ansieht.

## 2.5 Definition angrenzender Begriffe

Im Zusammenhang mit der gesellschaftlichen Verantwortung von Unternehmen wird oft eine Reihe von thematisch verwandten Begriffen verwendet, die im Folgenden kurz vorgestellt und definiert werden sollen. Dies dient dazu, den Begriff CSR eindeutig von anderen Begriffen und Konzepten wie beispielsweise *Corporate Citizenship* oder *Nachhaltigkeit* abzugrenzen.

### 2.5.1 Corporate Social Performance

Der Begriff *Corporate Social Performance* (CSP) wird in einigen Veröffentlichung synonym zum Begriff *Corporate Social Responsibility* gebraucht (vgl. Wartick / Cochran 1985, S. 758). Vor allem in empirischen Untersuchungen zum Zusammenhang zwischen *Corporate Social Responsibility* und Unternehmenserfolg wird jedoch auch diejenige Variable als *Corporate Social Performance*

Abbildung 3: Das Verhältnis von CSP und CSR
Quelle: Eigene Darstellung

bezeichnet, mit der gemessen wird, wie gesellschaftlich verantwortlich ein Unternehmen agiert (vgl. Promberger / Spiess 2006). Denn da es sich bei der gesellschaftlichen Verantwortung eines Unternehmens um ein nicht direkt messbares Konstrukt handelt, muss zunächst eine geeignete Variable definiert werden, mit deren Hilfe sich der interessierende Zusammenhang untersuchen lässt. Dieser Ansatz, der durch Abbildung 3 verdeutlicht wird, liegt auch der vorliegenden Arbeit zugrunde. Die Corporate Social Performance ist dadurch definiert als das Ausmaß, in dem sich ein Unternehmen gesellschaftlich verantwortlich verhält.

## 2.5.2 Corporate Governance

*"Corporate Governance is concerned with ways of bringing the interests and objectives of investors and managers into line and ensuring that firms are run for the benefit of investors"*
C. Mayer 2003, S. 84

Bei *Corporate Governance* handelt es sich um einen weiteren Begriff, der im Zusammenhang mit dem Thema der Unternehmensverantwortung oft genannt wird. Wörtlich übersetzt bedeutet der Begriff „Regieren" oder „Unternehmensführung". Bei der *Corporate Governance* geht es um *„die Gewährleistung einer unabhängigen, wert- und erfolgsorientierten Unternehmensführung und um die Sicherung und Steigerung des Unternehmenswertes"* (Schwalbach / Schwerk 2007, S. 1) Im Vordergrund stehen hierbei die Beziehungen zwischen Management, Aufsichtsrat und Anteilseignern sowie die Beziehungen zu den anderen Stakeholdern eines Unternehmens (vgl. Österreichisches Normungsinstitut 2005, S. 77). Das dominante Thema in der *Corporate Governance*-Literatur ist die Trennung von Eigentum und Kontrolle in Unternehmen sowie die Lösung der Probleme, die sich aus diesem Sachverhalt ergeben (vgl. Schwalbach / Schwerk 2007, S. 2). In jüngster Zeit wird das Thema *Corporate Governance* oft mit der gesellschaftlichen Verantwortung von Unternehmen in Verbindung gebracht, da die These existiert, dass *„zwischen einer sogenannten „guten" Corporate Governance und der „gesellschaftlichen Verantwortung von Unternehmen" eine komplementäre Beziehung besteht"* (Schwalbach / Schwerk 2007, S. 1).

## 2.5.3 Corporate Citizenship

Der Begriff *Corporate Citizenshi"* (CC), zu deutsch *„bürgerschaftliches Engagement von Unternehmen"* oder *„unternehmerisches Bürgerengagement"* (vgl. Schmitt 2005, S. 15), wurde in den 80er Jahren in den Diskurs um das Verhältnis von Unternehmen und Gesellschaft eingeführt und erfreut sich vor allem in den letzten Jahren zunehmender Bekanntheit. Seit den späten 1990ern beschäftigt sich auch die Wissenschaft mit dem Thema *Corporate Citizenship* und entwickelte verschiedene Ansätze (vgl. Garriga / Melé 2004, S. 57), so dass in der wissenschaftlichen Literatur heutzutage eine Reihe von heterogenen Konzeptionen zu *Corporate Citizenship* zu finden sind (vgl. Schäfer et al. 2004, S. 5). Allen Konzepten liegt jedoch der Kerngedanke zugrunde, dass Unternehmen als Teil der Gesellschaft die Rolle eines

Bürgers ausfüllen sollen (vgl. Loew et al. 2004, S. 50), da sie ebenso wie die in einer Gesellschaft lebenden Individuen in ein gesellschaftliches Umfeld eingebettet sind, für das sie eine Verantwortung tragen (vgl. Bowie 1991, S. 58).

Das in den 50er Jahren geprägte traditionelle Begriffsverständnis zielt allein auf uneigennützig motivierte Aktivitäten wie beispielsweise Spenden oder Sponsoring ab (vgl. Schäfer et al. 2004, S. 5). Dieses Konzept wird oft auch als die enge Sicht von Corporate Citizenship bezeichnet und geht davon aus, dass das Unternehmen sich wie ein „guter Bürger" verhalten und sich in seinem Umfeld engagieren soll. In der engen Sichtweise *„"corporate citizenship" is used in a sense quite close to corporate philanthropy, social investment or certain responsibilities assumed towards the local community"* ( Garriga / Melé 2004, S. 57). *Corporate Citizenship* wird diesem Konzept nach als derjenige Teilbereich von CSR angesehen, der sich mit freiwilligen Maßnahmen der Unternehmen im sozialen Bereich beschäftigt. Carroll beispielsweise setzt *Corporate Citizenship* mit der philanthropischen Verantwortung gleich (vgl. Carroll 1999, S. 289).

Die vor allem in den USA verbreitete erweiterte Sicht von *Corporate Citizenship* geht hingegen davon aus, dass es sich bei *Corporate Citizenship* um ein dem CSR-Konzept übergeordnetes Konzept handelt (vgl. Schmitt 2005, S. 15 ; Loew 2004, S. 50ff.). Da jedoch – vor allem in Europa – die engere Definition von *Corporate Citizenship* weiter verbreitet ist (vgl. Schwalbach / Schwerk 2007, S. 8), wird *Corporate Citizenship* der Empfehlung von Loew et al. (2004) gemäß als ein Teilbereich von CSR angesehen, dem folgende Definition zugrunde liegt:

> *„Corporate Citizenship ist das über die eigentliche Geschäftstätigkeit hinausgehende Engagement des Unternehmens zur Lösung sozialer Probleme im lokalen Umfeld des Unternehmens und seiner Standorte. Corporate Citizenship umfasst Spenden und Sponsoring (Corporate Giving), die Gründung von gemeinnützigen Unternehmensstiftungen (Corporate Foundations) und ein Engagement für soziale Zwecke unter direktem Einbezug der Mitarbeiter (Corporate Volunteering)."*         *Loew et al. 2004, S.73*

## 2.5.4 Nachhaltige Entwicklung

Im Kontext mit CSR wird oftmals auch von Nachhaltigkeit, nachhaltiger Unternehmensführung oder nachhaltiger Entwicklung bzw. von *„sustainable development"* gesprochen. Der Begriff „Nachhaltige Entwicklung" stammt ursprünglich aus der Forstwirtschaft und bezeichnete dort das zu Beginn des 18. Jahrhunderts formulierte Grundprinzip, dass in einer bestimmten Periode nur so viele Bäume gefällt werden dürfen, wie gleichzeitig nachwachsen können, so dass der Bestand letztlich konstant bleibt (vgl. Loew et al. 2004, S. 56). Im Laufe der Zeit wurde daraus ein allgemeines normatives Konzept, welches von den Unternehmen fordert, die unternehmerische Wertschöpfung zu erhalten und zu steigern, indem Ökonomie, Ökologie und Gesellschaft in den Verantwortungsbereich aufgenommen werden (vgl. Financial Times Deutschland 2005, S. A1). Heute wird der Begriff „Nachhaltige Entwicklung" recht einheitlich im Sinne des so genannten Brundtland-Berichts der Vereinten Nationen verwendet:

> *„Unter nachhaltiger Entwicklung verstehen wir eine Entwicklung, die den Bedürfnissen der heutigen Generation entspricht, ohne die Möglichkeiten künftiger Generationen zu gefährden, ihre eigenen Bedürfnisse zu befriedigen und ihren Lebensstil zu wählen"* (Hauff 1987, S.46)

Damit ist Nachhaltigkeit kein *„originär betriebswirtschaftliches Konzept, sondern beruht ursprünglich auf volkswirtschaftlichen und politischen Überlegungen"* (Loew et al. 2004, S. 64). Eine nachhaltige Unternehmensführung ist jedoch darauf ausgerichtet, *„die Beiträge des Unternehmens zu den sozialen, ökologischen und ökonomischen Nachhaltigkeitsherausforderungen zu optimieren"* (vgl. Loew et. al 2004, S. 69) und trägt damit zu einer nachhaltigen Entwicklung auf gesamtwirtschaftlicher Ebene bei (vgl. Loew et al. 2004, S. 72).

## 2.5.5 Begriffssystematik

Auf Basis der dargelegten Definition für die Begriffe CSR, *Corporate Citizenship* und *Nachhaltige Entwicklung* ergibt sich die in Abbildung 4 veranschaulichte Begriffssystematik. *Corporate Citizenship* wird hierbei als ein Teilbereich von CSR angesehen. Ein gesellschaftlich verantwortliches Handeln auf einzelwirtschaftlicher Ebene wiederum ist eine Voraussetzung für eine nachhaltige Entwicklung auf gesamtwirtschaftlicher Ebene.

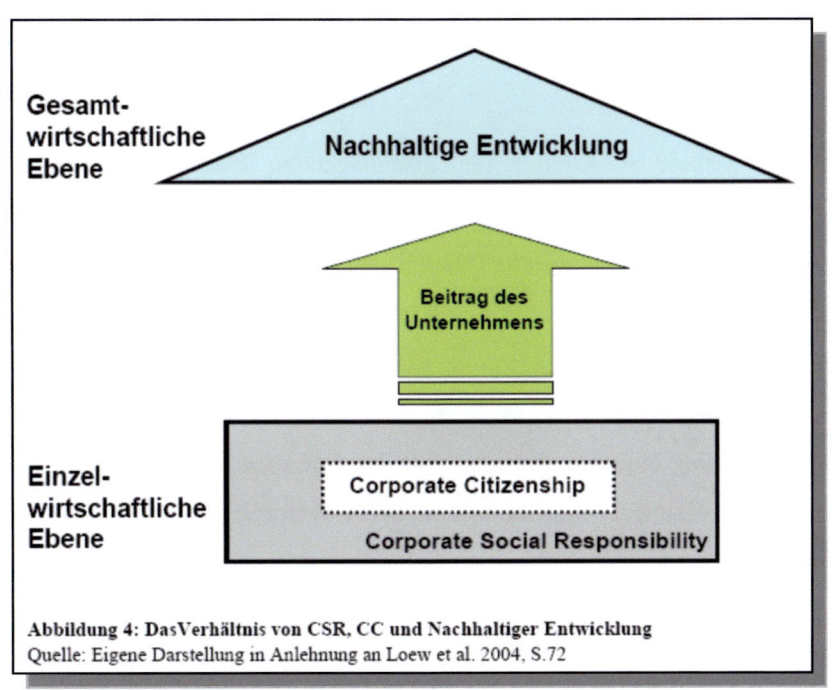

**Abbildung 4: Das Verhältnis von CSR, CC und Nachhaltiger Entwicklung**
Quelle: Eigene Darstellung in Anlehnung an Loew et al. 2004, S.72

# 3. Pro und Contra CSR - Vom Shareholder-Value zum Stakeholder-Value

Nachdem im vorherigen Kapitel die grundlegenden Begriffe zum Thema der gesellschaftlichen Verantwortung von Unternehmen definiert und erläutert wurden, geht dieses Kapitel der Frage nach, welche Gründe Unternehmen dazu veranlassen, sich dem Thema CSR zu widmen und welche Argumente es gibt, die dagegen sprechen. In den folgenden Abschnitten wird außerdem erläutert, auf welche Weise in den letzten Jahren ein Umdenken stattgefunden hat. Denn während in der Vergangenheit der Fokus der Unternehmensführung zumeist allein auf der Maximierung des Aktienkurses und den Interessen der Shareholder lag, werden in der Gegenwart zunehmend verschiedene Anspruchsgruppen bei Unternehmensentscheidungen berücksichtigt (vgl. Quazi / O'Brien 2000, S. 34).

## 3.1 Ethische Begründung von CSR

Befürworter des CSR-Konzepts führen oft an, dass Unternehmen ein Teil der Gesellschaft sind und daher eine moralische Verpflichtung haben, verantwortlich zu handeln und zur gesellschaftlichen Wohlfahrt beizutragen (vgl. Porter/Kramer 2006, S. 2f ; Quazi / O'Brien 2000, S. 34). Vertreter dieser Sichtweise argumentieren außerdem, dass Unternehmen in vielfacher Weise von der Gesellschaft profitieren und im Gegenzug dazu verpflichtet sind, sich gesellschaftlich zu engagieren. Als Beispiel wird oft angeführt, dass die Gesellschaft Schulen für die Ausbildung der Arbeiter bereitstellt, ein funktionierendes Rechtssystem samt zugehörigem Polizei- und Gerichtswesen unterhält und sich um die Infrastruktur des Landes kümmert und dass die Unternehmen hiervon in großem Maße profitieren (vgl. Bowie 1991, S. 58).

Ein weiteres Argument zugunsten des CSR-Konzepts ist das Argument, dass Macht verpflichtet und dass Unternehmen aufgrund ihrer zunehmenden Gestaltungskraft und Größe dazu verpflichtet sind, verantwortlich zu handeln (vgl. Schmitt 2005, S.1). Denn *„some larger multinational companies have greater economical and social power than some governments"* (Garriga / Melé 2004, S. 57) und *„the moral use of power requires that power be used responsibly"* (Bowie 1991, S. 58).

Wird CSR mit einem der angeführten Argumente ethisch begründet, wird von den Untenehmen demnach erwartet, dass sie sich gesellschaftlich verantwortlich verhalten, weil dies moralisch richtig und für die Gesellschaft als Ganzes das Beste ist (vgl. Branco /Rodrigues 2006 ; Cetindamar / Husoy 2007).

## 3.2 Ablehnung von CSR auf Basis der Shareholder-Theorie

Im Jahr 1970 schrieb Milton Friedman, einer der wohl bekanntesten Gegner des CSR-Konzeptes, den oft zitierten Satz *„The social responsibility of business is to increase its profits"* (Friedman, 1970). Laut Friedman hat ein Unternehmen in einer freien Marktwirtschaft nur eine einzige gesellschaftliche Verpflichtung und die lautet, innerhalb der gesetzlichen Rahmenbedingungen so viel Profit wie möglich zu machen (vgl. Friedman 1970). Friedman verlieh damit einer Meinung Ausdruck, der in der Vergangenheit viele Unternehmensmanager zugestimmt haben (vgl. Kolstad 2006, S. 1) und die in der Wissenschaft als neo-klassische Sichtweise in der Shareholder-Theorie zum Ausdruck gebracht wird (vgl. van Marrewijk 2003, S.96 ; Bird et al. 2007). Die Kernpunkte dieser Theorie werden in diesem Kapitel dargelegt.

Der Begriff Shareholder bedeutet im Deutschen Anteilseigner / Aktionär eines Unternehmens. Das Konzept des Shareholder-Value, welches entscheidend von Alfred Rappaport geprägt wurde, konzentriert sich bei der Messung des Unternehmenserfolges auf die Aktienrendite als einzige Messgröße und richtet die gesamte Strategie des Unternehmens auf den Gewinn der Anteilseigner aus (vgl. Demmer 2002 ; Simon 2000). Begründet wird dies folgendermaßen: Heutzutage sind vor allem bei großen Unternehmen die Eigentümer eines Unternehmens selten zugleich auch die Manager. Vielmehr hat es sich durchgesetzt, dass eine große Zahl von Menschen Anteile an einer Firma erwerben und dann von den Managern erwarten, dass diese im Interesse der Aktionäre handeln (vgl. Crane / Matten 2004, S. 184). In der Shareholder-Theorie wird nun argumentiert, dass die Manager eines Unternehmens im Auftrag der Shareholder, also der Anteilseigner eines Unternehmens, handeln und demzufolge dazu verpflichtet sind, deren Interessen zu verfolgen. Im Interesse der Shareholder ist es jedoch, möglichst viel Profit zu machen, weswegen die Manager von Unternehmen rechtswidrig handeln, wenn sie Geld für Zwecke ausgeben, die nicht zu einer Erhöhung des Aktienwertes führen (vgl. Friedman 1970). Profit- bzw. Aktienwertmaximierung kann daher als ein moralischer Imperativ für die Manager eines Unternehmens bezeichnet werden (vgl. Kolstad 2006, S. 2).

Die Shareholder-Theorie spricht sich aus diesem Grunde strikt dagegen aus, dass Unternehmen sich freiwillig gesellschaftlich engagieren und Geld für wohltätige Zwecke oder CSR-Aktivitäten ausgeben sollen. Friedman untermauert diese Haltung zusätzlich durch das Argument, dass es die Rolle des Staates sei, sich um das gesellschaftliche Wohlergehen zu kümmern, der zu diesem Zweck ja auch Steuern erhebt (vgl. Friedman 1970). Jüngere Veröffentlichungen greifen teilweise diese Sichtweise auf und argumentieren, dass das empfindliche gesellschaftliche Gleichgewicht gestört wird, wenn Unternehmen Aufgaben des Staates übernehmen und andere Ziele als die Profitmaximierung verfolgen (vgl. Bowie 1991, S. 58). In der Shareholder-Theorie wird zudem die Ansicht vertreten, dass ein freiwilliges gesellschaftliches Engagement von Unternehmen Kosten mit sich bringt, die entweder den Gewinn der Unternehmenseigner schmälern, die Gehälter der Angestellten senken oder zu einer Verteuerung der hergestellten Produkte und Dienstleistungen führen. Beides führt letztendlich zu einer Verschlechterung der Wettbewerbsfähigkeit des Unternehmens und gefährdet dadurch seine Existenz (vgl. Friedman 1970 ; Pinkston / Carroll 1996, S. 1999).

Die eindimensionale Ausrichtung sämtlicher unternehmerischer Aktivitäten am Ziel der Unternehmenswertmaximierung und die alleinige Orientierung an den Interessen der Aktionäre wird heutzutage oft kritisiert und die öffentliche Akzeptanz des Shareholder-Value-Ansatzes ist sehr gering. Vor allem seit diversen Bilanzskandalen Mitte der 1990er Jahre wird dem Shareholder-Value-Ansatz unterstellt, dass er eine *„Kurzfrist-Orientierung mit negativen Langfrist-Folgen"* (Glaubitz 2006) sei. Die Kritiker des Ansatzes vertreten die Ansicht, dass die alleinige Ausrichtung der Unternehmensstrategie an der Profitmaximierung nicht dazu geeignet sei, dauerhaften Wertzuwachs zu schaffen. Der Shareholder-Value-Ansatz führe vielmehr zu einer Vernachlässigung von Innovationen, einer Degradierung der Arbeitnehmer als Mittel zum Zweck sowie zu einer nachlassenden Loyalität von Kunden und Lieferanten (vgl. Glaubitz 2006). Zu beachten ist hier jedoch, dass der Shareholder-Value-Ansatz bei seinen Annahmen davon ausgeht, dass es sich bei den Aktionären nicht um kurzfristig denkende Spekulanten, sondern um langfristige Investoren handelt, die an einer langfristigen Unternehmenswertmaximierung interessiert sind und dass auch in der Shareholder-Theorie Investitionen in das  gesellschaftliche Umfeld befürwortet werden, wenn das Unternehmen hiervon ebenfalls einen Nutzen hat. Wenn dem Unternehmen jedoch nur Kosten entstehen, dann werden solche gesellschaftlichen Investitionen abgelehnt (vgl. Garriga / Melé 2004, S. 53). Auch Friedman äußert sich hierzu explizit und führt folgendes Beispiel an: *„It will be in the long run interest of a corporation that is a major employer in a small community to devote resources to providing amenities to that community or to improving its government. That makes it easier to attract desirable employees, it may reduce the wage bill or lesson losses from pilferage and sabotage or have other worthwhile effects."* (Friedman 1970). Die Kritik am Shareholder-Value-Ansatz und vor allem seine geringe Akzeptanz in der Bevölkerung haben jedoch zu konzeptionellen Weiterentwicklungen geführt. Zu nennen ist hier insbesondere der Stakeholder-Ansatz, auf den im folgenden Abschnitt eingegangen wird.

## 3.3 Befürwortung von CSR auf Basis der Stakeholder-Theorie

Als neuere Richtung der amerikanischen Managementlehre hat sich in den letzten Jahren mehr und mehr die Managementstrategie bzw. die Unternehmenspolitik des Stakeholder-Ansatzes durchgesetzt. Diese wurde vor allem durch Edward Freeman und sein Buch *„Strategic management: A Stakeholder approach"* (1984) geprägt und vertritt im Gegensatz zur oben dargelegten Shareholder-Theorie die Ansicht, dass

Unternehmen nicht nur die Interessen der Aktionäre verfolgen dürfen, sondern die Aufgabe haben, den Ansprüchen unterschiedlicher Stakeholder gerecht zu werden und diese Ansprüche bei ihren Entscheidungen zu berücksichtigen (vgl. Freeman 1984 ; Quazi / O'Brien 2000).

Ein *stake* bezeichnet einen Anspruch, eine Erwartung, eine Forderung oder ein Recht (vgl. Thommen 2003, S. 22). Stakeholder sind demnach definiert als Individuen oder Gruppen, die auf den Erfolg des Unternehmens einwirken können oder die von diesem beeinflusst

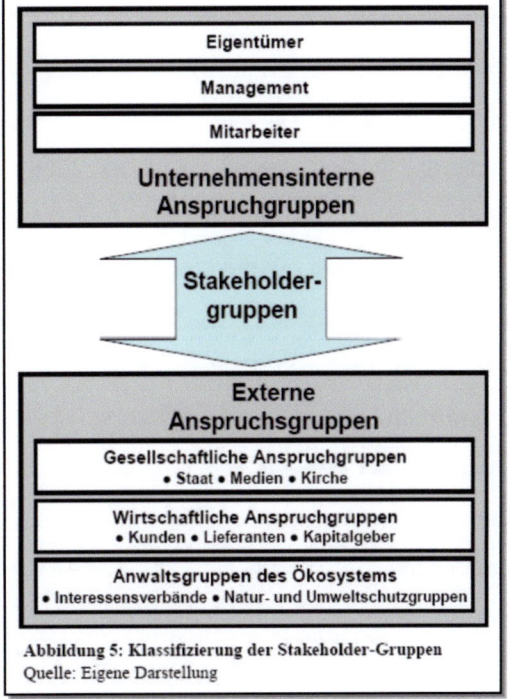

Abbildung 5: Klassifizierung der Stakeholder-Gruppen
Quelle: Eigene Darstellung

bzw. betroffen sind (vgl. Freeman 1984 ; Freeman 2004). Diese Definition hat zur Folge, dass sich die Stakeholder eines Unternehmens nicht abschließend bestimmen lassen. Denn je nach Unternehmenssituation können immer neue Personen oder Gruppen für den Erfolg eines Unternehmens relevant werden oder von diesen beeinflusst werden (vgl. Steinmann / Schreyögg 200, S. 76). Generell lassen sich die Stakeholder in unternehmensinterne Anspruchgruppen und in unternehmensexterne Anspruchsgruppen gliedern. Während zu den ersteren die Eigentümer der Firma, das Management und die Mitarbeiter zählen, umfasst die zweite Gruppe gesellschaftliche Anspruchgruppen wie den Staat, die Medien oder die Kirche, wirtschaftliche Anspruchsgruppen wie Lieferanten oder Kunden sowie Interessensverbände und Natur- und Umweltschutzgruppen, denn all diese Gruppen beeinflussen das Unternehmen oder werden von diesem beeinflusst. Da diese Interessensgruppen jedoch unterschiedliche, teils kontroverse Anforderungen an das Unternehmen herantragen, ist es Aufgabe des Managements, die Ziele und Wertvorstellungen der Gruppen und ihre Einflussmöglichkeiten zu identifizieren und bei Entscheidungen gegeneinander abzuwägen (vgl. Promberger / Spiess 2006, S. 17ff.).

Der Grad, zu welchem die Interessen der einzelnen Stakeholder berücksichtigt werden, hängt davon ab, welche Richtung der Stakeholder-Theorie das Unternehmen vertritt (vgl. Pirsch et al. 2007, S. 127).

Aus Sicht der normativen Stakeholder-Theorie sollten alle Stakeholder als gleichwertig betrachtet werden (vgl. Pirsch et al. 2007, S. 127). Diese Sichtweise ist konsistent mit der ethischen Begründung von CSR, die argumentiert, dass ein Unternehmen Verpflichtungen hat, die über die ökonomischen und gesetzlichen Anforderungen hinausgehen (vgl. Jamali / Mirshak 2006, S. 246 ; Garriga / Melé 2004, S. 60). Die Wahrnehmung gesellschaftlicher Verantwortung wird als eine moralische Verpflichtung der Unternehmen gesehen, der sie nachkommen müssen, auch wenn sie davon keinen direkten Vorteil haben (vgl. Zsolnai 2006, S. 40).

Der Ansatz der instrumentellen Stakeholder-Theorie ist dagegen weit pragmatischer: „*if organizations want to be effective, they will pay attention to all and only those relationships that can affect or be affected by the achievement of the organization's purposes*" (Freeman 1999, S. 234). Die instrumentelle Stakeholder-Theorie argumentiert also, dass ein Unternehmen seinen Fokus zwar auf der Maximierung des Profits haben soll, dabei jedoch die Ansprüche der anderen Stakeholder nicht aus den Augen verlieren soll, da diese die Macht haben, den ökonomischen Erfolg des

Unternehmens zu beeinflussen (vgl. Promberger / Spies 2006, S. 15). Aus dieser Sichtweise heraus gibt es keinen Konflikt zwischen der Stakeholder- und der Shareholder-Theorie (vgl. Freeman 2004, S. 231), denn: *„...consistent with stakeholder Theory, management has to consider the impact of its decisions on a broad spectrum of stakeholders but, consistent with the neo-classical view, to evaluate all of these decisions on the basis of their impact on the market value of the company"* (Bird et al. 2007).

Die dargelegte instrumentelle Stakeholder-Theorie trifft heutzutage auf weite Akzeptanz und wird auch von vielen Befürwortern des CSR-Konzepts vertreten. Diese gehen davon aus, dass es einen positiven Zusammenhang zwischen der Übernahme gesellschaftlicher Verantwortung und dem Erfolg eines Unternehmens gibt und Unternehmen deswegen aus eigennützigen Motiven heraus gesellschaftlich verantwortlich handeln sollten (vgl. Promberger / Spiess 2006, S. 16ff.). Dadurch wird der Unternehmenswert auf langfristige Sicht maximiert (vgl. Garriga / Melé 2004, S. 54), weil gesellschaftlich verantwortlich handelnde Unternehmen einerseits negativen Sanktionen von Seiten der externen Stakeholder vorbeugen und es andererseits möglich ist, durch ein solches Handeln einen Wettbewerbsvorteil zu erzielen. Die instrumentelle Stakeholdersicht deckt sich also mit der Ansicht, dass CSR als ein strategischer Faktor zur Generierung von Wettbewerbsvorteilen genutzt werden kann, worauf der folgende Abschnitt genauer eingeht.

## 3.4 CSR als Instrument zur Generierung von Wettbewerbsvorteilen

*„Today's Companies ought to invest in corporate social responsibility as part of their business strategy to become more competitive"*

*Michael Porter, zitiert in Porter / Morsing 2003*

In den letzten Jahren findet sich sowohl in der Praxis als auch in der wissenschaftlichen Debatte zunehmend die Ansicht, dass CSR als strategischer Faktor zur Generierung von Wettbewerbsvorteilen genutzt werden kann (vgl. Garriga / Melé 2004, Porter/Kramer 2007, Gazdar et al. 2006). Eine 2005 von KPMG durchgeführte Studie gibt an, dass 74% der Firmen, die über CSR berichten, angeben, dass sie CSR aus ökonomischen Gründen in ihr Unternehmen integriert haben, wohingegen nur 53 Prozent der Firmen ihre Aktivitäten im Bereich CSR ethisch begründen (vgl. KPMG 2005, S.5) – und bei diesen stellt sich die berechtigte Frage, ob sie wirklich aufgrund ihrer

Wertvorstellungen gesellschaftlich verantwortlich handeln, oder ob sie dies nur proklamieren, weil sie denken, damit der gesellschaftlichen Erwartungshaltung zu entsprechen. Denn bei näherer Betrachtung *„it becomes apparent that CSR is in many cases simply viewed as an instrument to increase profitability, rather than a fundamental goal in itself"* (Kolstad 2006, S.1).

Stellvertretend für die Haltung vieler Manager zum Thema CSR ist das folgende Zitat von Adrian Loader, dem Direktor der Abteilung Strategische Planung und Nachhaltige Entwicklung von Royal Dutch / Shell Group:

> *"Corporate social responsibility is not itself our business but rather it is a way of conducting our business which, we believe, helps us to be more successful over the long-term. To commit to a socially responsible way of working is not, as some critics claim, a distraction from our core business. Nor does it in any way conflict with our promise and our duty to deliver value to our shareholders. In fact, just the reverse is true. This agenda is an attendant duty to our shareholders who make investments for the long-term and who need to have confidence they will see a return on those investments over the long-term."*            *Adrian Loader 2004, S.2*

Der Vorteil dieser Sichtweise von CSR liegt darin, dass wohl auch die schärfsten Kritiker von CSR ihren Standpunkt relativieren müssen, wenn durch CSR die Unternehmensgewinne erhöht werden können. Und in der Tat können eine ganze Reihe von positiven Effekten genannt werden, die sich aus gesellschaftlich verantwortlichem Handeln ergeben und die ganz im Sinne der Unternehmen sind (vgl. Promberger / Spiess 2006, S. 16 ; Pirsch et al.2007, S. 125f.).

Der am häufigsten genannte Vorteil, der sich durch gesellschaftlich verantwortliches Handeln ergibt, ist die Stärkung der Reputation bzw. die Verbesserung des Images eines Unternehmens. Unternehmen geben oft den Einfluss auf das Image als Grund dafür an, sich gesellschaftlich zu engagieren (vgl. Schmitt 2005, S.133), rechtfertigen also ihre CSR-Initiativen mit dem Argument, sie würden auf diese Weise ihr Image verbessern (vgl. Porter / Kramer 2007, S.21f.) und damit indirekt auch ihren Umsatz steigern. Das Image eines Unternehmens wird als eine der wichtigsten Ressourcen eines Unternehmens angesehen, da es den Erfolg eines Unternehmens stark beeinflusst.

- Für Hersteller von Konsumgütern beispielsweise stellt das Image des Unternehmens bzw. der Marken einen entscheidenden Wettbewerbsfaktor dar, da viele Konsumenten ihre Kaufentscheidungen danach ausrichten und Produkte von Unternehmen mit einem positiven Image wählen (vgl. Schmitt 2005, S. 133 ; Promberger / Spiess, S. 24f.).

- Viele Wissenschaftler vertreten zudem die Ansicht, dass sich ein gesellschaftlich verantwortliches Handeln des Unternehmens und ein sich daraus ergebendes positives Image aus mehreren Gründen positiv auf seine Mitarbeiter auswirkt. Zum einen sind Mitarbeiter, die mit dem gesellschaftlichen Engagement ihres Unternehmens zufrieden sind, in der Regel motivierter und haben eine höhere Leistungsbereitschaft (vgl. Sirota 2007, S. 1 ; Branco / Rodrigues, S. 111f.). Zum zweiten sind gesellschaftlich verantwortlich handelnde Unternehmen als bevorzugte Arbeitgeber angesehen. Diese Unternehmen haben daher den Vorteil, dass sie mehr Bewerber anziehen und so mehr Möglichkeiten haben, sich die besten herauszusuchen. Dadurch wird die Rekrutierung von qualifiziertem Personal erleichtert (vgl. Promberger / Spiess 2006, S. 25f.).

- Eine gute Reputation führt des Weiteren zu einer leichteren Mittelbeschaffung am Kapitalmarkt. Heutzutage beachten viele Portfoliomanager bei ihren Entscheidungen auch CSR-Kriterien und das Image des Unternehmens (vgl. Kommission der Europäischen Gemeinschaften 2001, S. 8). Unternehmen, die durch positive CSR-Kriterien auffallen und denen ein gutes Image anhaftet, werden als weniger risikobehaftet angesehen (vgl. Promberger / Spiess 2006, S. 26), da die Wahrscheinlichkeit von negativen Sanktionen als geringer erachtet wird. Außerdem entscheiden sich auch immer mehr Investoren aus ethischen Gründen dafür, ihr Geld in Firmen zu investieren, die sich im Bereich CSR vorbildlich verhalten. Aus diesem Grund haben sich eine Reihe von bekannten Indizes herausgebildet, die Firmen anhand von CSR-Ratings in ihr Portfolio aufnehmen. Einige der bekanntesten Indizes werden in Kapitel 4.1 vorgestellt.

Aus den angeführten Beispielen wird ersichtlich, dass ein gesellschaftlich verantwortliches Handeln und gesellschaftliches Engagement den Unternehmen eine Reihe von Vorteilen bringen kann, die von einer Steigerung der Glaubwürdigkeit und einem verbesserten Image über eine erhöhte Kunden- und Mitarbeiterbindung bis hin zu einer Abgrenzung von Konkurrenzunternehmen und einer erhöhten Investitionssicherheit reichen können (vgl. Promberger/Spiess 2006, S. 1). Dementsprechend kann eine erfolgreiche CSR-Strategie die Zukunftsfähigkeit eines Unternehmens positiv beeinflussen und CSR ist als ein entscheidender strategischer Faktor für Unternehmen anzusehen (vgl. Gazdar et al. 2006, S. VI).

## 3.5 Weitere theoretische Begründungen von CSR

Dass ein gesellschaftlich verantwortliches Handeln die Wettbewerbsfähigkeit eines Unternehmens positiv beeinflussen kann, wird oft auch mit Hilfe des Ressourcenansatzes begründet. Der im heutigen Verständnis maßgeblich von Wernerfelt (1984) geprägte Ressourcenansatz (*ressource-based view*) geht davon aus, dass die Wettbewerbsfähigkeit einer Firma abhängig ist von ihren internen Ressourcen und dass einzigartige Ressourcen die Grundlage zur Erzielung von Wettbewerbs- vorteilen sind (vgl. Bamberger/ Wrona 1996 ; Barney 1991 ; Wernerfelt 1984). Firmen können gemäß dieser Theorie einen Wettbewerbsvorteil erzielen, wenn sie über wertvolle, seltene, nicht imitierbare und nicht ersetzbare Ressourcen verfügen (Barney 1991). Diese Ressourcen lassen sich dabei in tangible und intangible Ressourcen unterteilen. Zu letzteren zählen auch das Image der Firma, das Know-how der Mitarbeiter und die Beziehungen zu Kunden und Lieferanten, so dass CSR-Aktivitäten, die eine Verbesserung in diesen Bereichen mit sich bringen, als strategische Investition in die internen Ressourcen eines Unternehmens betrachtet werden können (vgl. Bamberger / Wrona 1996, S. 2f. ; Garriga / Melé 2004, S. 54 ; Branco / Rodrigues 2006, S. 111 ; Ruf et al. 2001, S. 144). Damit unterstützt der Ressourcenansatz die ausgeführte instrumentelle Stakeholdertheorie und argumentiert, dass durch die strategischen Investitionen in die Stakeholder ein zusätzlicher, schwer zu imitierender Wettbewerbsvorteil erlangt wird (vgl. Ruf et al. 2001, S. 144).

Des Weiteren lässt sich die Sichtweise der Stakeholdertheorie, dass ein gesellschaftlich verantwortliches Handeln zu einem höheren Unternehmenserfolg führt, auch durch die Transaktionskostentheorie untermauern (vgl. Ruf et al. 2001, S. 144). Kern der Transaktionskostentheorie (Williamson 1975 , 1985) ist die Annahme, dass durch die Anbahnung und Abwicklung von Verträgen Transaktionskosten entstehen. Als Beispiele lassen sich hier die Kosten der Vertragsanbahnung und der Vertragsvereinbarung (Ex ante-Transaktionskosten) sowie die Kosten für die Kontrolle und die Umsetzung der Verträge (Ex post-Transaktionskosten) anführen (vgl. Williamson 1985, S. 20ff. ; Picot 1982, S. 270). Im Rahmen der Transaktionskostentheorie wird den Akteuren Opportunismus unterstellt, d.h., die Vertragspartner verhalten sich strategisch und orientieren sich nur an ihren Interessen, wobei sie versuchen, durch List und Tücke ihren Nutzen zu maximieren (vgl.

Williamson 1985, S. 47ff.). Williamson umschreibt dieses Verhalten daher auch als *„self-interest seeking with guile"* (Williamson 1985, S. 47). Aufgrund dieses opportunistischen Verhaltens der Akteure müssen eine Reihe von Schutzvorkehrungen getroffen werden, die jedoch zu einer Erhöhung der Transaktionskosten führen (vgl. Nienhüser / Jans 2004, S. 3). Hier lässt sich nun argumentieren, dass ein gesellschaftlich verantwortliches Handeln die Reputation bzw. das Image eines Unternehmens positiv beeinflusst und zu guten Beziehungen mit den relevanten Stakeholdern führt (vgl. Ruf et al. 2001, S. 145). Dies wiederum fördert das Vertrauen in das Unternehmen und Vertrauen reduziert die Transaktionskosten im unternehmerischen Handeln, da es als Kontrollmechanismus für opportunistisches Verhalten dient (vgl. Welter 2004, S. 7): *„firmst hat satisfiy stakeholder demands or accurately signal their willingness to cooperate can often avoid higher costs that result from more contractual compliance mechanisms"* (Ruf et al. 2001, S.143f.).

Ein weiteres Argument der Transaktionskostentheorie lautet, dass einzelne Verträge mit den Vertragspartnern oft der Beginn einer dauerhaften Vertragsbeziehung sind. Verhält sich ein Unternehmen jedoch opportunistisch, so sucht sich der Vertragspartner für die Folgegeschäfte in der Regel einen anderen Partner und das Unternehmen verliert die Folgegeschäfte, schadet sich durch sein Handeln also letztendlich selbst (Ruf et. al. 2001, S. 146).

## 3.6 Zusammenfassung der theoretischen Grundlagen

Aufgrund der dargestellten Theorien lassen sich drei grundsätzliche Positionen zum Thema CSR ausmachen. Zum einen gibt es die neo-klassische Sichtweise der Shareholder-Theorie, laut der ein Unternehmen nur seinen Anteilseignern verpflichtet ist und in der die Maximierung des Aktienwertes daher das einzige Ziel des Unternehmens ist. Gemäß dieser Sichtweise werden Ausgaben für CSR-Aktivitäten als illegitim angesehen, da sie letztendlich zu einer Verschlechterung der Wettbewerbsposition führen und die Existenz des Unternehmens gefährden (vgl. Friedman 1970).

Auf der anderen Seite gibt es die Sichtweise der normativen Stakeholder-Theorie, in der argumentiert wird, dass ein Unternehmen nicht nur den Anteilseignern, sondern allen seinen Stakeholdern moralisch verpflichtet ist und dies bei seinen Entscheidungen berücksichtigen muss.

Die dritte Position wiederum argumentiert, dass das Ziel des Unternehmen zwar die Profitmaximierung ist, dass zur Erreichung dieses Ziels jedoch die Ansprüche der unterschiedlichen Stakeholder eines Unternehmens berücksichtigt werden müssen. Diese Position sieht in der Übernahme von gesellschaftlicher Verantwortung also ein Mittel zum Zweck, durch das eine langfristige Maximierung des Profits ermöglicht wird. Vertreter dieser Position sind der Meinung, dass eine Unternehmenswertmaximierung einerseits und ein gesellschaftlich verantwortliches Handeln andererseits sich nicht gegenseitig ausschließen, sondern dass ein gesellschaftlich verantwortliches Handeln eine notwendige Bedingung dafür ist, langfristig erfolgreich zu sein und den Profit zu maximieren (vgl. Bird et al. 2007).

# 4. CSR und Unternehmenserfolg

> *"Corporate Management is torn between either focusing solely on the interests of stockholders (the neo-classical view) or taking into account the interests of a wide spectrum of stakeholders (the stakeholder theory view). Of course, there need be no conflict where taking the wider view is also consistent with maximising stockholder wealth."*
> *Bird et al. 2007*

Die in den vorangegangenen Kapiteln gegebene Zusammenfassung der bisherigen CSR-Literatur demonstriert, dass durchwegs widersprüchliche Annahmen darüber bestehen, wie sich die Adaption gesellschaftlicher Verantwortung von Unternehmen auf den finanziellen Erfolg des Unternehmens auswirkt. Während die neo-klassische Sichtweise davon ausgeht, dass die Ausgaben für CSR-Aktivitäten zu einer Verringerung des Unternehmensgewinnes und dadurch zu einer Verschlechterung der Wettbewerbsfähigkeit führen, argumentieren andere Wissenschaftler, dass es einen positiven Zusammenhang zwischen CSR und Unternehmenserfolg gibt, da die Ausgaben für CSR-Aktivitäten im Vergleich zu ihrem Nutzen gering sind (vgl. Bird et al. 2007).

Da die existierende Literatur aufgrund ihrer widersprüchlichen Theorien die Frage nach dem Zusammenhang zwischen der *Corporate Social Responsibility* und dem Unternehmenserfolg nicht eindeutig beantworten kann, wurden in den letzten 30 Jahren diverse empirische Studien durchgeführt, die den Zusammenhang zwischen CSR und Unternehmenserfolg untersucht haben (vgl. Bird et al. 2007). Leider blieb es in den Studien bisher jedoch bei Erklärungsversuchen, da sich kein eindeutiger Zusammenhang zwischen den beiden untersuchten Variablen feststellen ließ (vgl. Ruf et al. 2001, S. 144 ; Promberger / Spiess 2006, S. 30). Aus diesem Grund sind weitere Untersuchungen zu diesem Thema wünschenswert (vgl. Kommission der Europäischen Gemeinschaften 2001, S.8), denn: *„At present most conclusions in this area are somewhat tentative as the precision of techniques and data sources continue to be developed"* (Freeman 2004, S. 237).

Die größte Herausforderung in diesem Zusammenhang stellt die Beschaffung von Daten dar, die ein gutes Maß für die *Corporat Social Responsibility* bzw. für den Erfolg eines Unternehmens darstellen. Mögliche Methoden für die Messung dieser Konstrukte werden in den beiden folgenden Kapiteln dargestellt, bevor in Kapitel 4.3 einige der bisher durchgeführten empirischen Studien vorgestellt werden.

## 4.1 Messung der Corporate Social Responsibility

Eine objektive Messung der gesellschaftlichen Verantwortung von Unternehmen stellt sich insgesamt als sehr schwieriges Unterfangen dar. Die *Corporate Social Responsibility* eines Unternehmens lässt sich weder direkt beobachten, noch existieren dafür bislang geeignete Maßzahlen oder einheitliche Evaluierungsmethoden. In der Vergangenheit wurden daher einen ganze Reihe von unterschiedlichen Techniken verwendet, um die gesellschaftliche Verantwortung von Unternehmen zu messen und der Variablen *Corporate Social Performance* (CSP) passende Werte zuzuweisen (vgl. Beliveau et el.

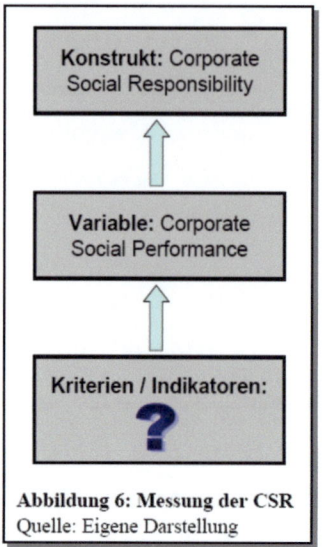

**Abbildung 6: Messung der CSR**
Quelle: Eigene Darstellung

1994, S. 734 ; Carroll 2000, S. 474). Am weitesten verbreitet sind die individuelle Einschätzungen durch einzelne Personen (vgl. Moskowitz 1975), die so genannte Inhaltsanalyse (vgl. Bowman / Haire 1975) und die Verwendung von CSR- bzw. Reputations-Ratings (vgl. Cochran / Wood 1984).

Bei der Inhaltsanalyse wird gezählt, wie oft in Firmenpublikationen und speziell im Jahresbericht über CSR-Aktivitäten berichtet wird (vgl. Cochran / Wood 1984, S. 44) bzw. wie viele Zeilen sich mit CSR-Themen auseinandersetzen (vgl. Zahra / LaTour 1987, S. 459). Das Problem bei dieser Methode ist jedoch, dass die Inhaltsanalyse lediglich ein Indikator dafür ist, was die Firmen sagen und nicht dafür, wie sich die Firmen wirklich verhalten (vgl. Cochran / Wood 1984, S. 44). Und dies kann ein großer Unterschied sein, da Firmen ihre Veröffentlichungen nutzen, um der Öffentlichkeit ein positives Bild von sich zu vermitteln (vgl. Beliveau et al. 1994), und das tatsächliche Handeln damit verschleiern. Es lässt sich sogar vermuten, dass Firmen, die sich in Sachen CSR besonders schlecht verhalten, einen besonderen Anreiz haben, nach außen hin ein positives Bild von sich zu zeichnen (vgl. Cochran / Wood 1984, S. 44 ; Hemingway / Maclagan 2004, S. 35). Ein Beispiel hierfür ist die Firma Enron, an der sich exemplarisch gezeigt hat, wie weit Realität und Außendarstellung eines Unternehmens auseinanderklaffen können (vgl. Hemingway / Maclagan 2004, S. 35).

Auch die individuelle Einschätzung der *Corporate Social Performance* durch einzelne Personen oder Autoren ist sehr kritisch zu sehen, da sie subjektiv erfolgt und nur schwer nachvollziehbar ist (vgl. Beliveau et al. 1994, S . 734). Die subjektive Einschätzung der *Corporate Social Performance* ohne ein quantitatives Evaluierungsverfahren erschwert zusätzlich auch die Vergleichbarkeit von unterschiedlichen Bewertungen.

Als beste Möglichkeit, die Corporate Social Performance zu messen, wird daher die Verwendung von CSR- oder Reputations-Ratings angesehen, weshalb auch die meisten neueren Studien auf diese Methode zurückgreifen.

## 4.1.1 Messung der CSP mit Hilfe von CSR-Rankings

Der Begriff Rating hat zwei unterschiedliche Bedeutungen. Zum einen ist ein Rating definiert als ein Verfahren zur Einschätzung oder Beurteilung von Personen, Gegenständen oder Situationen mit Hilfe von Skalen, zum anderen bezeichnet der Begriff Rating auch das Ergebnis bzw. das Gesamturteil dieses Prozesses (vgl. Schäfer 2005, S. 1). Bei Rating-Agenturen handelt es sich um spezialisierte Finanzdienstleister, die Unternehmen auf bestimmte Kriterien hin analysieren (vgl. Schäfer 2005, S. 1). Rating-Agenturen spielen in den letzten Jahren eine immer größere Rolle, wenn es um die Bewertung von Unternehmen geht. Aus diesem Grund hat sich ein eigenständiger Markt von Informationsdienstleistern herausgebildet, deren Geschäftsmodell darin besteht, Unternehmen anhand von CSR-Kriterien zu analysieren und zu bewerten. Anspruch solcher externen Bewertungen ist es, Markttransparenz zu schaffen und Informationsasymmetrien zwischen Unternehmen und Investoren abzubauen (vgl. Econsense 2007, S. 2)

Doch auch bei der Bewertung der *Corporate Social Performance* durch Rating-Agenturen gibt es eine Reihe von Problemen. Ein generelles Problem im Zusammenhang mit der Bewertung der *Corporate Social Performance* ist das Fehlen einer einheitlichen Definition dessen, was bewertet werden soll. Da es kein allgemein akzeptiertes Set an Informationen, Kennzahlen und Erhebungs- bzw. Bewertungs-methoden gibt, werden bei der Bewertung der *Corporate Social Performance* durch Rating-Agenturen ganz verschiedene Ansätze verfolgt und somit auch ganz verschiedene, nicht miteinander vergleichbare Ergebnisse erzielt (vgl. Econsense 2007, S. 3). Aufgrund der verschiedenen Konzepte von CSR sind bereits die Hauptkriterien der Messungen sehr unterschiedlich. Während einige Ansätze anhand des Triple-Bottom-Line-Ansatzes Ökonomie, Ökologie und Soziales bewerten, betrachten andere Ansätze nur die Bereiche Ökologie und Soziales. Für eine exakte Interpretation und für die Vergleichbarkeit der Messmodelle bzw. einzelner Ergebnisse der Bewertung ist es daher wichtig zu wissen, was genau bewertet wurde.

Bei der überwiegenden Zahl der existierenden Ratings handelt es sich um kapitalmarktorientierte Ratings, deren Aufgabe es ist, die Transparenz auf den Kapitalmärkten zu erhöhen (vgl. Kniese 1996, S. 11). Vor allem bei den kapitalmarktorientierten Rating-Agenturen lässt sich in den letzten Jahren ein großes Wachstum beobachten, da die Nachfrage nach sozial verträglichen Investitions-möglichkeiten stark gestiegen ist.

Weltweit gibt es ca. 40 Rating-Agenturen, die sich darauf spezialisiert haben, Unternehmen nach sozialen und ökologischen Kriterien zu bewerten. Im Folgenden werden einige der bekanntesten Ratings und ihre Bewertungsmethoden vorgestellt. Die getroffene Auswahl vermittelt einen guten Eindruck über den sehr heterogenen Markt der CSR-Ratings und die verwendeten Bewertungsmethoden.

## 4.1.2 Das KLD-Rating

Bei Kinder, Lydenberg & Domini handelt es sich um eine unabhängige Rating-Agentur, die seit 1988 über 4000 verschiedene Unternehmen aus mehr als 50 Ländern hinsichtlich einer großen Anzahl von Kriterien aus den Bereichen Umwelt, Gesellschaft und Unter-nehmensführung bewertet hat (vgl. KLD Research & Analytics 2007a). Aus-gangspunkt war die Schaffung des Domini 400 Social Index durch die

Abbildung 7: Untersuchte Quellen im KLD Research Prozess
Quelle: KLD Research & Analytics (2007b)

Börsenmaklerin und Autorin Amy Domini, der eine Vergleichsmöglichkeit ähnlich traditionellen. Wertpapierindizes wie z.B. dem Dow Jones Industrial Average für Investoren bieten sollte, die ihr Geld nach sozial-ökologischen Prinzipien angelegt wollen (vgl. Schäfer et al. 2004, S. 54). Heutzutage bietet KLD neben dem Domini 400 Social Index auch Beratungsleistungen sowie die umfangreiche (kostenpflichtige) Datenbank SOCRATES an, in der der Nutzer die einzelnen Indikatoren selber gewichten und so ein individuelles Ranking erzeugen kann (vgl. KLD Research & Analytics 2007c).

KLD beschafft sich die benötigten Informationen für seine Produkte mit Hilfe eigener Untersuchungen, bei der eine Reihe unterschiedlicher Quellen untersucht werden (siehe Abbildung 7). Zu diesen Quellen zählen insbesondere Artikel in der Presse bzw. in der Fachliteratur sowie öffentliche Dokumente, Veröffentlichungen der Firmen selbst sowie Berichte von Nichtregierungsorganisationen (Non-Governmental Organisation, NGO) und Regierungsorganisationen (vgl. KLD Research & Analytic 2007b). Auf Basis der gesammelten Informationen bewertet KLD die Unternehmen in den sieben Bereichen Umwelt, Gesellschaft, Corporate Governance, Diskriminierung, Beziehung zu den Angestellten, Menschenrechte, Produktqualität und Sicherheit (vgl. Schäfer et al. 2006, S. 91).

Die Daten von KLD werden vor allem in neueren Studien gerne verwendet, da jedes Unternehmen anhand einer Vielzahl von Kriterien bewertet wird, die Datenkonsistenz gewährleistet ist und die Bewertung unabhängig von den Unternehmen erfolgt; insgesamt ist hier ein relativ hohes Maß an Objektivität gewährleistet (vgl. Promberger / Spiess 2007, S. 57f.).

## 4.1.3 Das Rating der Bank Sarasin & Cie AG

Die 1841 gegründete Bank Sarasin ist eine Schweizer Privatbank, deren Kernkompetenzen in der Anlageberatung und der Vermögensverwaltung für private und institutionelle Kunden liegen (vgl. Bank Sarasin & Cie AG 2007). Die Bank Sarasin führt seit 1989 eine ökologische Finanzanalyse durch. Im Rahmen der Gründung der Abteilung „Sarasin Sustainable Investment" für nachhaltige Geldanlagen im Jahr 2000 wurde diese ökologische Finanzanalyse zu einem CSR-Rating erweitert, indem auch soziale und ökonomische Aspekte in die Analyse aufgenommen wurden (vgl. Schäfer 2005, S. 2 ; Schäfer et al. 2004, S. 21f.).

Die Analysen von Sarasin sind ausschließlich kapitalmarktorientiert und dienen zum einen für das an Nachhaltigkeit ausgerichtete Management hauseigener Fonds, zum anderen wird die Nachhaltigkeitsanalyse auch als eigenständige Intermediärleistung auf dem Markt angeboten. Bis Mai 2004 wurden rund 700 Unternehmen untersucht (vgl. Schäfer et al. 2004, S. 21ff). Sarasin verwendet beim Unternehmensrating über 100 quantitative und qualitative Umwelt- und Sozialkriterien. Bei der Auswertung werden die einzelnen Ausprägungen der abgefragten Kriterien denjenigen des Branchen-durchschnitts gegenübergestellt (vgl. Schäfer 2005, S. 2).

## 4.1.4 Das Fortune 500-Ranking

Das Fortune-Magazin erstellt ebenfalls Ratings über die soziale Performance von Unternehmen. Vor allem dem jährlich im Fortune-Magazin erscheinende Ranking „Most Admired Corporations" wird stets ein hohes Maß an Aufmerksamkeit gezollt (vgl. Schäfer et al. 2006, S.143). Untersucht werden innerhalb des Fortune 500-Rankings die nach Umsatz 500 größten Firmen Nordamerikas. Das Magazin befragt für seine Recherche tausende von Geschäftsführern, Managern, Direktoren und Analysten, um ein

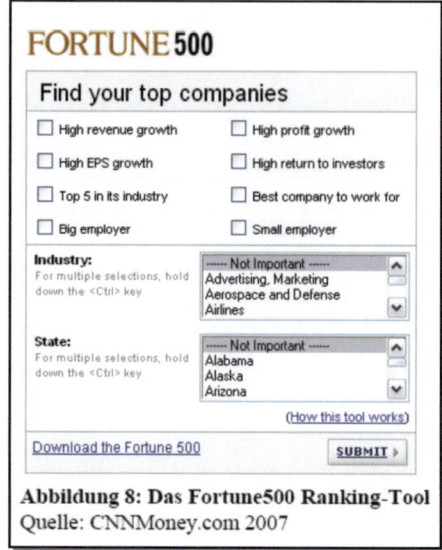

Abbildung 8: Das Fortune500 Ranking-Tool
Quelle: CNNMoney.com 2007

möglichst objektives Bild von den Unternehmen zu erhalten. Da das Fortune-Magazin neben seinem CSR-Rating noch andere Ratings veröffentlicht, werden die befragten Personen gebeten, die Top 10 Unternehmen einer Branche auf zehnstufigen Skalen hinsichtlich der acht Bereiche Managementqualität, Produkt- und Dienstleistungsqualität, langfristiger Investitionswert, Innovationsfähigkeit, finanzielle Robustheit, Fähigkeit, qualifizierte Mitarbeiter anzuwerben, Verantwortung gegenüber Gesellschaft und Umwelt sowie Gebrauch der Unternehmensgegenständen zu bewerten (vgl. Promberger / Spiess 2006, S. 43f. ; Schäfer et al. 2006, S. 143 ; Harrison / Freeman 1999, S. 481).

Auf der Homepage des Rankings besteht die Möglichkeit, sich auf Basis der erhobenen Daten ein individuelles Ranking zusammenzustellen (siehe Abbildung 8). Hierbei können auch nur bestimmte Branchen oder Länder betrachtet werden und die Unternehmen können nach unterschiedlichen Kriterien gerankt werden (vgl. CNNMoeney.com 2007). Aufgrund der periodischen (jährlichen) Erscheinungsweise und der Tatsache, dass die Daten frei zugänglich und sehr konsistent sind, haben bereits eine Reihe von Wissenschaftlern (z.B. McGuire et al. 1988) das Fortune 500-Ranking für ihre Untersuchungen verwendet (vgl. Promberger / Spiess 2006, S. 44 ; Harrison / Freeman 1999, S. 481).

## 4.1.5 Das Rating der Oekom Research AG

Die Oekom Research AG mit Sitz in München zählt im deutschsprachigen Raum zu den Pionieren im Bereich CSR-Ratings. Das Unternehmen ist seit 1993 auf dem Markt für CSR-Ratings tätig, wobei die ersten Unternehmensbewertungen noch nach rein ökologischen Kriterien stattfanden und erst 1999 eine Beurteilung nach sozialen und kulturellen Kriterien hinzukam. Die Oekom Research AG bietet zwei verschiedene Ratings an, einmal das Corporate Responsibility Rating und einmal das Country Rating. Im Vergleich zu anderen Anbietern definiert die Oekom Research AG ihre Bewertung unter dem Begriff Corporate Responsibility. Dieser setzt sich aus den beiden Untersuchungsbereichen Social Cultural Sustainability (soziale und kulturelle Kriterien) und Environmental Sustainability (ökologische Kriterien) zusammen, die gleichgewichtig in das Corporate Responsibility Ranking einfließen (vgl. Oekom Research AG 2007a ; Oekom Research AG 2007b ; Schäfer et al. 2004, S. 42ff.).

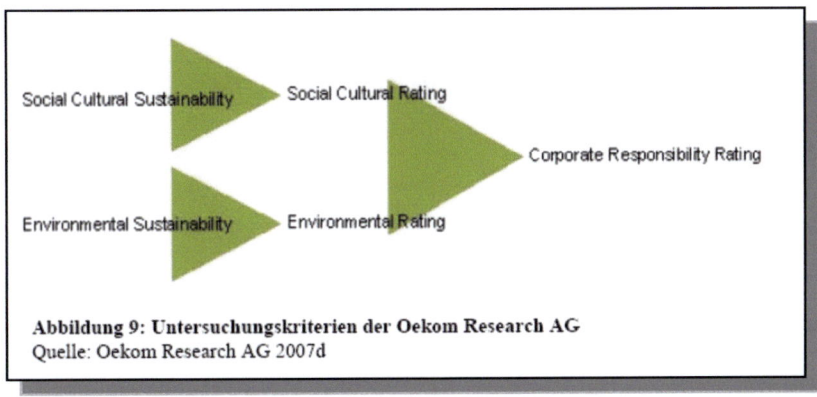

**Abbildung 9: Untersuchungskriterien der Oekom Research AG**
Quelle: Oekom Research AG 2007d

Die Oekom Research AG benutzt rund 200 Kriterien für ihre Bewertung, wobei jede Branche in eine spezielle Matrix bezüglich Umwelt-, Sozial- und Kulturverträglichkeit eingeordnet wird, wodurch den unterschiedlichen Auswirkungen der verschiedenen Branchen auf die Bereiche Soziales, Kultur und Umwelt Rechnung getragen wird. Die Bewertung der einzelnen Untersuchungsbereiche und Kriterien erfolgt auf einer zwölfstufigen Skala. Mit Hilfe einer Anzahl von Negativ-Kriterien können verschiedene Geschäftsfelder wie beispielsweise Alkohol, Embryonenforschung oder nicht nachhaltige Forstwirtschaft ausgeschlossen werden. Das Endergebnis zeigt in einem Best-in-Class-Ranking zudem die relative Position eines Unternehmens im Branchenvergleich (vgl. Schäfer et al. 2004, S. 42ff. ; Oekom Research AG 2007b ; Oekom Research AG 2007c).

## 4.1.6 Der Dow Jones Sustainability Index

Der Dow Jones Sustainability Index (DJSI) ist ein Aktienindex, dessen Portfolio aus Unternehmen besteht, die nach einem nachhaltigen Verständnis handeln und wirtschaften (vgl. Lexikon der Nachhaltigkeit 2007). Der Index wird in Kooperation von der SAM (Sustainability Asset Management) Group Holding, dem amerikanischen Indexanbieter Dow Jones & Company und dem britischen Indexprovider STOXX Limited herausgebracht und existiert seit 1999. Als Aufnahmekriterium gilt für die Unternehmen der Triple-Bottom-Line-Ansatz als Handlungsgrundlage, das heißt, dass soziale, ökologische und ökonomische Kriterien in gleicher Weise beachtet werden müssen. Die Ausrichtung hinsichtlich der Zielgruppe  des Dow Jones Sustainability Indizes kann eindeutig als kapitalmarkt- und investororientiert bezeichnet werden. Zu den Adressaten zählen globale Versicherungsunternehmen und Großbanken, Pensionskassen und Privatanleger. Der DJSI existiert als zusammengesetzter Index und in fünf verschiedenen Ausprägungen als eingrenzender Index, in denen Unternehmen verschiedener Branchen wie beispielsweise der Waffen-, Alkohol-, Glückspiel- oder Rüstungsindustrie ausgeschlossen werden (vgl. Dow Jones Indexes et al. 2006).

## 4.1.7 Das Good Company Ranking

Das *Good Company Ranking* bewertete im Jahr 2005 die Wahrnehmung gesellschaftlicher Verantwortung von 80 europäischen Konzernen. Im Jahr 2007 wurde das zweite Ranking veröffentlicht, wobei bereits 120 Unternehmen bewertet wurden. Der Herausgeber des Rankings ist das Manager Magazin. In Zusammenarbeit mit der Unternehmensberatung Kirchhoff Consult und der Wirtschaftsprüfungsgesellschaft Deloitte findet eine Bewertung der Unternehmen hinsichtlich der vier Hauptschwerpunkte Gesellschaft, Mitarbeiter, Umwelt und (finanzielle) Performance statt (vgl. Kröher 2005, Kirchhoff et al. 2007).

Die bewerteten Unternehmen setzen sich aus im STOXX und im DAX notierten und aus nicht gelisteten Unternehmen zusammen, welche auf Grund ihrer Umsätze zu den größten Konzernen Europas gehören. Die Bewertung der Unternehmen wird in zwei Stufen vorgenommen: In einem ersten Schritt bewerten verschiedene Experten die einzelnen Unternehmen nach den oben genannten Schwerpunkten, wobei sie öffentlich zugängliche Unternehmenspublikationen wie Geschäftsberichte, Nachhaltigkeits-berichte, CSR-Reports etc. untersuchen. In einem zweiten Schritt legt eine Jury auf

Grundlage des ersten Bewertungsschrittes die endgültige Reihenfolge fest (vgl. Kröher 2007).

Die Festlegung einer Zielgruppe gestaltet sich beim *Good Company Ranking* als etwas schwierig. Der Herausgeber und Autor Klaus Rainer Kirchhoff beschreibt die Ziele dieser Unternehmensbewertung dahingehen, dass CSR allgemein und unter Managern bekannter gemacht werden soll. Auch soll die Gesellschaft auf das Thema aufmerksam gemacht werden und den Unternehmen selbst soll das Ranking Ansporn zu Verbesserungen sein (vgl. Kirchhoff et al. 2007, S.5). Da das *Good Company Ranking* auch im Rahmen der durchgeführten eigenen empirischen Untersuchung verwendet wurde, wird hierauf in Kapitel 5 nochmals genauer eingegangen.

## 4.2 Messung des Unternehmenserfolges

Die Bewertung des Unternehmenserfolges bzw. der finanziellen Performance (*Corporate Financial Performance*, CFP) eines Unternehmens scheint auf den ersten Blick im Vergleich zur Bewertung der *Corporate Social Performance* ein relativ klarer Prozess zu sein. Allerdings bieten sich den Wissenschaftlern auch hier verschiedene Möglichkeiten und es herrscht keine Einigkeit darüber, welche Methode die Beste ist (vgl. Cochran / Wood 1984, S. 44f.).

Die zur Verfügung stehenden Daten lassen sich zunächst in zwei weite Kategorien einteilen. Zum einen gibt es Daten, die auf marktbasierten Bewertungsmethoden beruhen, zum anderen gibt es diejenigen Daten, die auf buchhaltungsbasierten Bewertungen beruhen (vgl. Promberger / Spiess 2006, S. 62 ; Cochran / Wood 1984, S. 45). Im Folgenden werden die unterschiedlichen Methoden kurz dargestellt und im Hinblick auf den Untersuchungszweck kritisch untersucht.

### 4.2.1 Marktbasierte Bewertungsmethoden

Die Idee, die allen marktbasierten Bewertungsmethoden (*investor returns*) zugrunde liegt, ist, dass der Erfolg des Unternehmens aus der Perspektive der Anteilseigner gemessen werden soll (vgl. Cochran / Wood 1984, S. 45). Als Indikator kann hier zum Beispiel der Aktienpreis oder Aktienpreisänderungen verwendet werden (vgl. Promberger / Spiess 2006, S. 62). Vorteile dieser Bewertungsmethode können darin gesehen werden, dass diese Maßzahlen im Vergleich zu buchhaltungsbasierten

Kennzahlen nicht vergangenheitsorientiert und weniger anfällig für unterschiedliche Buchhaltungstechniken und Manipulationen sind (vgl. McGuire et al. 1988, S. 859). Marktbasierte Indikatoren für den Unternehmenserfolg finden vor allem dann Verwendung, wenn der Zusammenhang zwischen der *Corporate Social Performance* und der *Corporate Financial Performance* mit Hilfe der so genannten Event Study Methode untersucht werden soll (die Event Study Methode untersucht, ob das Bekanntwerden von CSR-relevanten Informationen einen signifikanten Einfluss auf den Aktienpreis hat) (vgl. Falck / Heblich 2006, S. 9 ; Harrison / Freeman 1999, S. 483).

## 4.2.2 Buchhaltungsbasierte Bewertungsmethoden

Anders als marktbasierte Bewertungsmethoden geben buchhaltungsbasierte Bewertungsmethoden (*accounting returns*) Aufschluss über die interne Effizienz von Unternehmen (vgl. Promberger / Spiess 2006, S. 66). Als Indikatoren werden vor allem die folgenden Rentabilitätskennzahlen verwendet:

- Gesamtkapitalrentabilität (Return on Investment , ROI / Return on Assets, ROA)
- Eigenkapitalrentabilität (Return on Equity, ROE)
- Gewinn je Aktie (Earnings per Share, EPS)
- Das Verhältnis von Aktienpreis und Gewinn (Price/Earnings, P/E)

 (vgl. Cochran / Wood 1984, S.46 ; Falck / Heblich 2006, S.9 ; Orlitzky et al. 2003, S.408 ; Promberger / Spiess 2006, S.66ff.).

Wissenschaftler, die diese buchhaltungsbasierte Kennzahlen der Verwendung von marktbasierten Indikatoren vorziehen, argumentieren, dass diese Kennzahlen weniger anfällig für systematische Trends sind und außerdem besseren Aufschluss über die Qualität des Managements und die Politik des Unternehmens geben (vgl. Orlitzky et al. 2003, S. 408 ; Promberger / Spiess 2006, S. 66).

Buchhaltungsbasierte Kennzahlen weisen jedoch auch eine Reihe von Schwächen auf. Eines der Hauptprobleme ist die Tatsache, dass es aufgrund unterschiedlicher Buchhaltungstechniken, der Manipulation der Datenbasis oder inflationsbedingt zu Verzerrungen kommen kann. Zudem sind die Daten vergangenheitsbezogen (vgl. Promberger / Spiess 2006, S. 66 ; McGuire 1988, S. 859). Nichtsdestotrotz bestätigen Promberger / Spiess (2006), dass es sich bei der Gesamtkapitalrentabilität um einen äußerst brauchbaren und nach ihrem Kenntnisstand um den besten Indikator für die wirtschaftliche Performance eines Unternehmens handelt, wenn diese mit der *Corporate*

*Social Performance* in Beziehung gesetzt werden soll (vgl. Promberger / Spiess 2006, S. 69).

## 4.3 Bisherige Studien zum Thema

In den letzten 30 Jahren wurden eine Reihe von empirischen Studien zum Zusammenhang zwischen der *Corporate Social Performance* und der *Corporate Financial Performance* durchgeführt. Die Ergebnisse dieser Studien differieren z.T. signifikant voneinander: während einige Studien überhaupt keinen Zusammenhang zwischen der *Corporate Social Performance* und der *Corporate Financial Performance* feststellen können, kommt ein Teil der übrigen Studien zu dem Ergebnis, dass die *Corporate Social Performance* die *Corporate Financial Performance* positiv beeinflusst, wohingegen der andere Teil der Studien ein genau gegenteiliges Ergebnis herausbekommt und zu dem Schluss kommt, dass eine gute *Corporate Social Performance* einen negativen Einfluss auf die *Corporate Financial Performance* hat. Ein Teil der unterschiedlichen Ergebnisse kann dadurch erklärt werden, dass in den durchgeführten Studien sowohl zur Messung der *Corporate Social Performance* als auch zur Messung der *Corporate Financial Performance* verschiedene Methoden und Kennzahlen verwendet wurden (vgl. Carroll 2000, S. 474). Im Folgenden werden einige dieser Studien vorgestellt, um einen Eindruck davon zu vermitteln, welche Kennzahlen und Methoden bisher verwendet wurden, um den Zusammenhang zwischen der *Corporate Social Performance* und der *Corporate Financial Performance* zu untersuchen. Einen ausführlicheren Überblick über die bisher durchgeführten empirischen Studien bieten Margolis / Walsh (2001) in ihrem Buch *„People and Profits? The Search for a Link between a Company's Social and Financial Performance"* (Margolis / Walsh 2001).

### 4.3.1 Die Studien von Moskowitz (1972) und Vance (1975)

Die erste empirische Studie zum Zusammenhang zwischen der *Corporate Social Performance* und der *Corporate Financial Performance* wurde 1972 von Moskowitz durchgeführt. Moskowitz stellte die Vermutung auf, dass gesellschaftlich verantwortlich handelnde Unternehmen eine gute Investitionsmöglichkeit darstellen und listete in der

Zeitschrift *„Business and Society Review"* 14 Firmen auf, die er aufgrund ihrer herausragenden *Corporate Social Performance* als eine gute Investitionsmöglichkeit bewertete. Allerdings legte er nicht offen, nach welchen Gesichtspunkten er diese Firmen bewertet und ausgewählt hatte (vgl. Moskowitz 1972). Anschließend berechnete Moskowitz den Ertrag der Stammaktien der ausgewählten Unternehmen und verglich ihn mit traditionellen Indizes. Hierbei stellte er fest, dass die ausgewählten Firmen sich deutlich besser entwickelt hatten als die Vergleich-Indizes, wodurch er sich in seiner These bestätigt sah, dass Unternehmen, die sich durch ein gesellschaftlich verantwortliches Handeln auszeichnen, gute Investments sind (vgl. Aupperle et al 1985, S. 447f ; Promberger / Spiess 2006, S. 62).

Dieses Ergebnis wurde jedoch von Vance (1975) relativiert. Vance untersuchte 1975, wie sich die von Moskowitz empfohlenen Unternehmen in den drei Jahren von 1972-1975 entwickelt haben und stellte fest, dass die Firmen sich weit schlechter entwickelt haben als die zum Vergleich herangezogenen Indizes (verglichen wurden die Unternehmen mit dem Dow Jones Industrials Index, dem New York Stock Exchange Index und dem Standard and Poor Industrials Index) (vgl. Vance 1975, S. 19).

Da diese beiden Studien jedoch nur eine sehr kleine Gruppe von subjektiv ausgesuchten Unternehmen beobachtet haben, ist die Aussagekraft der Ergebnisse eher fragwürdig. Außerdem gab es in beiden Studien keine Risikoadjustierung und die Unternehmens-performance wurde allein aufgrund des Marktwertes gemessen. Als ein weiteres Problem ist auch die Tatsache anzusehen, dass in beiden Studien keine Signifikanztests durchgeführt wurden (vgl. Aupperle et al. 1985, S. 448).


## 4.3.2 Die Studie von Cochran / Wood (1984)

Auch Cochran / Wood untersuchten 1984 den Zusammenhang zwischen der *Corporate Social Performance* und der *Corporate Financial Performance*. In ihrer Studie *„Corporate Social Responsibility and Financial Performance"* griffen sie bei der Bewertung der *Corporate Social Performance* auf das Moskowitz-Reputationsindex zurück und maßen die *Corporate Financial Performance* anhand drei verschiedener buchhaltungsbasierter Kennzahlen. Insgesamt untersuchten sie in ihrer Studie 61 Firmen über zwei unterschiedliche Zeiträume von fünf Jahren (1970-1974 und 1975-179) hinweg. Die Daten wurden mit Hilfe von Regressionsanalysen ausgewertet, wobei neben der *Corporate Social Performance* auch der Industriezweig als Regressor eingebaut wurde. Hier lassen sich jedoch keine signifikanten Ergebnisse zum Zusammenhang zwischen der *Corporate Social Performance* und dem Unternehmenserfolg feststellen (vgl. Cochran / Wood 1984).

In einer zweiten Regressionsanalyse wurde die *Corporate Social Performance* als abhängige Variable festgelegt. Als Ergebnis lässt sich hier ein schwacher positiver Zusammenhang zwischen der *Corporate Social Performance* und der *Corporate Financial Performance* feststellen. Allerdings stellen die Autoren fest, dass es einen signifikanten Zusammenhang zwischen der *Corporate Social Performance* und dem Alter der Anlagegüter gibt (vgl. Cochran / Wood 1984, S. 54). Aufgrund der schwachen Ergebnisse kommen die Autoren zu dem Schluss, dass bessere Messmethoden für die *Corporate Social Performance* dringend entwickelt werden müssen, um aussagekräftigere Studien durchführen zu können (vgl. Cochran / Wood 1984, S. 55). Auch Promberger / Spiess (2006) vertreten die Meinung, dass die Aussagekraft dieser Studie sehr begrenzt ist (vgl. Promberger / Spiess 2006, S. 47)

### 4.3.3 Die Studie von McGuire et al. (1988)

McGuire et al. (1988) untersuchten den Zusammenhang zwischen der *Corporate Social Performance* und der *Corporate Financial Performance* sowohl anhand von markt- als auch von buchhaltungsbasierten Daten für die *Corporate Financial Performance*. Um die *Corporate Social Performance* der Unternehmen zu bewerten, wurde in dieser Studie auf das Reputations-Ranking des Fortune-Magazins zurückgegriffen (siehe Kapitel 4.1.4). McGuire et al. (1988) verwendeten zwei unterschiedliche Stichproben. Die erste Stichprobe enthielt Daten von 98 Firmen und deren Finanzdaten der Jahre 1983-1985, die zweite Stichprobe umfasste 131 Firmen mit ihren Finanzdaten des Jahres 1983 (vgl. McGuire et al. 1988).

Um die Daten auszuwerten, verwendeten McGuire et al. (1988) sowohl Korrelationsanalysen als auch Regressionsanalysen, wobei die *Corporate Social Performance* als unabhängige Variable festgelegt wurde. McGuire et al. (1988) stellten hierbei fest, dass die *Corporate Financial Performance* des Vorjahres stärker mit der *Corporate Social Performance* korreliert als die *Corporate Financial Performance* des Folgejahres. Außerdem kamen sie aufgrund ihrer Untersuchung zu dem Schluss, dass buchhaltungsbasierte Kennzahlen besser zur Untersuchung des Zusammenhangs zwischen der *Corporate Social Performance* und *Corporate Financial Performance* geeignet sind als marktbasierte Kennzahlen (vgl. McGuire et al. 1988).

### 4.3.4 Die Studie von Margolis / Walsh (2001)

Im Jahr 2001 untersuchten Margolis/Walsh in ihrem Buch *„People and Profits? The Search for a Link between a Company's Social and Financial Performance"* 95 der zwischen 1971 und 2001 durchgeführten empirischen Studien, die sich mit dem Thema *Corporate Social Performance* und *Corporate Financial Performance* auseinandergesetzt haben. Mittels einer Häufigkeitsanalyse kommen sie zu dem Ergebnis, dass die überwiegende Zahl der Studien einen positiven Einfluss der *Corporate Social Performance* auf die *Corporate Financial Performance* ausweist. Gleichzeitig kommen sie in ihrer Analyse zu dem Ergebnis, dass in den 95 untersuchten Studien 70 verschiedene Methoden verwendet wurden, um die *Corporate Financial Performance* zu messen. In den meisten Studien wurden dabei buchhaltungsbasierte Kennzahlen (49 Studien) genutzt. Und auch die Messung der *Corporate Social Performance* erfolgte alles andere als einheitlich, insgesamt wurden 27 unterschiedliche Datenquellen verwendet (vgl. Margolis / Walsh 2001, S. 8). Die Autoren kommen daher zu dem Schluss, dass die bisherigen Studien zwar einen positiven Zusammenhang vermuten lassen, betonen aber, dass es sich hierbei auch um einen Trugschluss aufgrund methodologischer Fehler und/oder schlechter Daten handeln kann (vgl. Margolis / Walsh 2003). Auch Orlitzky et al. (2003) beurteilen das Ergebnis von Margolis / Walsh (2001) sehr kritisch, da die verwendete Häufigkeitsanalyse Stichproben- und Messfehler bei der Untersuchung in keiner Form berücksichtigt und die Schlussfolgerung daher zweifelhaft ist (vgl. Orlitzky et al. 2003, S.410)

### 4.3.5 Die Meta-Analyse von Orlitzky et al. (2003)

Orlitzky et al. unterzogen 2003 ebenfalls bereits durchgeführte empirische Studien einer erneuten Prüfung, wobei sie das Verfahren der Meta-Analyse verwendeten. Bei der Meta-Analyse handelt es sich um ein statistisches Verfahren, das dazu dient, die Resultate verschiedener empirischer Studien vergleichbar zu machen. Dadurch kann das wahre Abhängigkeitsverhältnis zwischen den untersuchten Variablen erforscht werden (vgl. Promberger / Spiess 2006, S.73 ; Orlitzky 2005, S.38).

Orlitzky et al. (2003) untersuchten insgesamt 52 Studien und kommen zu dem Ergebnis, dass sich auf Basis der bisherigen empirischen Studien eine positive Korrelation zwischen der *Corporate Social Performance* und der *Corporate Financial Performance* feststellen lässt. Hierbei ist die Korrelation stärker, wenn die *Corporate Financial*

*Performance* mit buchhaltungsbasierten Kennzahlen bewertet wird, als wenn marktbasierte Kennzahlen verwendet werden. Außerdem stellen Orlitzky et al. fest, dass die Reputation der Unternehmen eine besondere Rolle spielt und einen einflussreichen Effekt hat (vgl. Orlitzky et al. 2003) und dass Unternehmen, die sich gesellschaftlich verantwortlich verhalten, ein besseres Image und ein geringeres Risiko aufweisen als andere Unternehmen (vgl. Orlitzky 2005, S.40).

## 4.3.7 Übersicht über die vorgestellten Studien

Wie auch durch die Auswahl deutlich wird, stammen die bisher durchgeführten Studien nahezu ausschließlich aus den USA. Dass es in (Kontinental-) Europa noch keine vergleichbare Anzahl von Studien zum Thema CSR und Unternehmenserfolg gibt, ist in erster Linie auf die noch relativ kurze Tradition des Begriffs CSR in Europa zurückzuführen (vgl. Falck/Heblich 2006, S.10). Daher stellt sich neben der Frage, welche der Studien das wahre Verhältnis zwischen CSR und Unternehmenserfolg aufdeckt auch die Frage, ob die Ergebnisse der bisher durchgeführten Studien auf Europa übertragen werden können. Tabelle 1 enthält eine Übersicht über die vorgestellten Studien.

| Studie | Methode | CSP | CFP | Ergebnis |
|--------|---------|-----|-----|----------|
| Moskowitz (1972) | Vergleich der Veränderung des Aktienpreises von 14 ausgewählten Firmen mit ausgezeichnet CSP mit der Veränderung im Dow Jones Index (Zeitraum: 6 Monate) | Subjektiv (Einschätzung des Autors) | Veränderung des Aktienpreises | Positiver Zusammenhang zwischen CSP und CFP |
| Vance (1975) | Vergleich der Veränderung des Aktienpreises von 14 ausgewählten Firmen mit ausgezeichnet CSP mit der Veränderung im Dow Jones Index (Zeitraum: 6 Monate) | Subjektiv (Rückgriff auf die Einschätzung von Moskowitz) | Veränderung des Aktienpreises | Negativer Zusammenhang zwischen CSP und CFP |
| Cochran / Wood (1984) | Regressionsanalyse mit Indurstriezweig als zusätzlichem Regressor | Moskowitz-Reputationsrating | Buchhaltungsbasierte Kennzahlen | Schwacher positiver Zusammenhang zwischen CSP und CFP |
| McGuire et al. (1988) | Korrelations- und Regressionsanalysen | Reputations-Ranking des Fortune-Magazins | Markt-und buchhaltungsbasierte Kennzahlen | Positiver Zusammenhang zwischen CSP und CFP (bei buchhaltungsbasierten Kennzahlen) |
| Margolis / Walsh (2001) | Untersuchung von 95 bisher durchgeführtem empirischen Studien mittels der Häufigkeitsanalyse | - | - | Positiver Zusammenhang zwischen CSP und CFP, allerdings sehr zweifelhafte Auswertungsmethode |
| Orlitzky et al. (2003) | Meta-Analyse von 52 bisher durchgeführten Studien | - | - | Positiver Zusammenhang zwischen CSP und CFP |

Tabelle1: Bisherige Studien zum Thema CSR und Unternehmenserfolg
Quelle: Eigene Darstellung

# 5. Empirische Untersuchung des Zusammenhangs zwischen CSR und Unternehmenserfolg

Im Rahmen der Diplomarbeit soll untersucht werden, ob und in welcher Form die Wahrnehmung gesellschaftlicher Verantwortung durch ein Unternehmen den Unternehmenserfolg beeinflusst. Da aufgrund der in Kapitel 3 dargelegten instrumentellen Stakeholdertheorie davon ausgegangen wird, dass die Wahrnehmung gesellschaftlicher Verantwortung zu einem erhöhten Unternehmenserfolg führt, lautet die der folgenden Untersuchung zugrunde liegenden Hypothese folgendermaßen:

**Hypothese:**     **Es besteht eine positive Korrelation zwischen der Corporate Social Responsibility und dem Unternehmenserfolg.**

## 5.1 Definition der Variablen und Datenquellen

Da es sich sowohl bei der gesellschaftlichen Verantwortung eines Unternehmens als auch beim Unternehmenserfolg um nicht direkt messbare Konstrukte handelt, müssen zunächst geeignete Variablen definiert werden, mit deren Hilfe sich der Zusammenhang zwischen der *Corporate Social Performance* und dem Unternehmenserfolg untersuchen lässt.

Um zu bewerten, inwieweit sich ein Unternehmen gesellschaftlich verantwortlich verhält, wird im Rahmen dieser Untersuchung auf das *Good Company Ranking* (GCR) des Manager Magazins zurückgegriffen, welches jeweils zu Beginn der Jahre 2005 und 2007 veröffentlicht wurde (vgl. Kröher 2005 ; Kirchhoff et al. 2007). Der Vorteil des *Good Company Rankings* gegenüber anderen Rankings liegt zum einen darin, dass die Belange der von Freeman (vgl. Freeman 1984, S. 27) charakterisierten Stakeholder Gemeinschaft abgebildet werden und zum anderen darin, dass diese Studie von Experten in Zusammenarbeit mit der Wirtschaftsprüfungsgesellschaft Deloitte angefertigt wurde. Und da Wirtschaftsprüfungsgesellschaften in Deutschland als unabhängige Bewertungsinstanzen gelten, unterliegen sie entsprechenden Regulierungsmaßnahmen. Dies unterstützt die Glaubwürdigkeit des Rankings (vgl. Falck / Heblich 2006, S. 11). Ein weiterer Faktor, der eine wichtige Rolle bei der Auswahl des Rankings spielte, ist die Tatsache, dass das *Good Company Ranking* seine Bewertungsmethoden offen legt (vgl. Kirchhoff et al. 2007 ; Kröher 2007). Zudem ist das Ranking kostenfrei erhältlich und bewertet unter anderem alle im DAX sowie eine große Anzahl der im STOXX gelisteten Unternehmen (vgl. Kröher 2007).

Das *Good Company Ranking* bewertet die Unternehmen in den einzelnen Kategorien Mitarbeiter, Gesellschaft, Umwelt und Finanzielle Stärke/Performance. Im Jahr 2005 wurde zusätzlich noch die interne und die externe Transparenz bewertet, diese Kategorie ist im Jahr 2007 jedoch herausgenommen worden. Aus diesem Grund wird auf sie hier nicht weiter eingegangen und die Bewertung der wahrgenommenen gesellschaftlichen Verantwortung eines Unternehmens erfolgt auf Basis der Kategorien Gesellschaft, Mitarbeiter und Umwelt. Hierbei wird in der Kategorie Gesellschaft bewertet, ob und in welcher Form sich das Unternehmen gesellschaftlich engagiert und ob die CSR-Programme in der Unternehmensstrategie verankert sind. In der Kategorie Mitarbeiter wird dagegen bewertet, wie sich das Unternehmen seinen Angestellten gegenüber verhält. In der Kategorie Umwelt wird schließlich beurteilt, ob das Unternehmen bei seinen Aktivitäten ökologisch verantwortlich agiert (vgl. Kirchhoff et al. 2007). Eine detaillierte Übersicht über die Kriterien der einzelnen Kategorien vermittelt Tabelle 2.

Da jedoch nicht nur untersucht werden soll, ob sich ein verantwortliches Handeln in einzelnen Bereichen positiv auf den Unternehmenserfolg auswirkt, sondern auch, wie sich das Verhalten des Unternehmens als Ganzes auf den Unternehmenserfolg auswirkt, wird zusätzlich die Variable Corporate Social Performance (CSP) verwendet und folgendermaßen definiert: CSP = Summe der Punkte in den drei *Good Company Ranking*-Kategorien Gesellschaft, Mitarbeiter und Umwelt. Die Variable CSP misst also, ob sich ein Unternehmen insgesamt gesellschaftlich verantwortlich verhält.

Hierbei ist zu beachten, dass in den einzelnen Kategorien des *Good Company Rankings* eine unterschiedliche Maximalpunktzahl vergeben wurde, so dass die drei Kategorien mit einer unterschiedliche Gewichtung in die Variable Corporate Social Performance eingehen. Während in den Kategorien Gesellschaft und Mitarbeiter jeweils maximal 25 Punkte erreicht werden konnten, betrug die Maximalpunktzahl in der Kategorie Umwelt nur 20 Punkte (vgl. Kirchhoff et al. 2007).

| Kategorie | Kriterien | Maximale Punktzahl |
|---|---|---|
| Gesellschaft | Orientierung des sozialen Engagements an der Unternehmensstrategie, Verankerung der CSR-Programme im Unternehmen, Innovationsgrad des sozialen Engagements, gesellschaftliche Einbettung der Unternehmensinitiativen, gesellschaftliche Sensibilisierung für die Themen der CSR-Programme | 25 Punkte |
| Mitarbeiter | Vergütung, Personalentwicklung, Potenzialausschöpfung, Ethik, Engagement | 25 Punkte |
| Umwelt | betriebliche Umweltleistung, Umweltaspekte der Wertschöpfungskette, ökologische Innovationen, Integration von Umweltaspekten in Geschäftsprozesse, Dialog mit Stakeholdern | 20 |
| Finanzielle Stärke / Performance | Eigenkapitalquote, Ebit-Marge, Total Shareholder Return, Wachstum; Volatilität des Cashflow | 2005: 15 Punkte<br>2007: 25 Punkte |

Tabelle 2: Kriterien des Good Company Rankings
Quelle: Eigene Darstellung in Anlehnung an Falck / Heblich 2006, S.12

Während sich bei den zur Messung der *Corporate Social Performance* verwendeten Kategorien Gesellschaft, Mitarbeiter und Umwelt zwischen 2005 und 2007 nichts an der Bewertungsmethode geändert hat, hat sich bei der Bewertung der Kategorie Finanzielle Stärke/Performance sowohl die Anzahl der maximal zu erreichenden Punkte als auch das Bewertungsverfahren geändert. Die Daten dieser Kategorie sind demnach nicht konsistent und können nicht zur Messung der Corporate Financial Performance verwendet werden (vgl. Kirchhoff et al. 2007, S. 42f.).

Da sich in bisherigen Studien gezeigt hat, dass vor allem die Gesamtkapitalrentabilität (GKR) ein guter Indikator für die wirtschaftliche Performance eines Unternehmens ist, wenn diese mit der *Corporate Social Performance* in Beziehung gesetzt werden soll (vgl. Promberger / Spiess 2006, S. 69 ; siehe auch Kapitel 4.2.2), wurden die Gesamtkapitalrenditen der Jahre 2004-2006 der einzelnen Unternehmen auf FAZ.net recherchiert und zur Messung des Unternehmenserfolges verwendet (vgl. FAZ.net 2007).

Um eine möglichst große Zahl an Beobachtungen zu erhalten, wurde in der Untersuchung eine gepoolte Stichprobe (vgl. Wooldridge 2003, S.426f.) verwendet. Diese enthielt sowohl *Good Company Ranking*-Bewertungen aus dem Jahr 2005 als auch Bewertungen aus dem Jahr 2007. Dass die verwendete Stichprobe dennoch nur aus

72 Beobachtungen besteht liegt daran, dass bei der Zusammenstellung der Stichprobe in zweifacher Hinsicht ein Missing Value-Problem auftrat: Zum einen konnte für eine Reihe der im *Good Company Ranking* bewerteten Unternehmen die Gesamtkapitalrendite nicht recherchiert werden. Die entsprechenden Unternehmen mussten daher aus der Stichprobe entfernt werden. Da im Zuge der Auswertung außerdem eine Panelanalyse durchgeführt wird (Kapitel 5.2.2), konnten außerdem nur Unternehmen in die Stichprobe eingebracht werden, die sowohl im Jahr 2005 als auch im Jahr 2007 durch das *Good Company Ranking* bewertet wurden. Aufgrund dieser Problematik von fehlenden Werten reduzierte sich die den folgenden Untersuchungen zugrunde liegende Stichprobe daher letztendlich auf 72 Beobachtungen.

## 5.2 Methode

In den folgenden Abschnitten wird untersucht, ob sich mit Hilfe von Regressionsanalysen ein statistisch signifikanter Zusammenhang zwischen der *Corporate Social Performance* und dem Unternehmenserfolg feststellen lässt. In diesem Kapitel werden dabei zunächst die verwendeten Methoden zur Analyse der Daten dargelegt. Im anschließenden Kapitel 5.3 werden dann die gefundenen Ergebnisse zusammengefasst und interpretiert.

### 5.2.1 Regressionsanalysen

Um den Zusammenhang zwischen der *Corporate Social Performance* und dem Unternehmenserfolg zu untersuchen, wurde mit der gepoolten Stichprobe im ersten Schritt eine einfache Regressionsanalyse durchgeführt, der folgende Regressionsgleichung zugrunde lag:

$$GKR_i = c + b_1\,CSP_i + \varepsilon_i \qquad \text{(I)}$$

mit:
| | | |
|---|---|---|
| $GKR_i$ | = | Gesamtkapitalrendite als Indikator für den Unternehmenserfolg |
| $i$ | = | Index für das Unternehmen |
| $c$ | = | Konstante |
| $b_1$ | = | Regressionskoeffizient für CSP |
| $CSP_i$ | = | Corporate Social Performance (Summe der GCR-Punkte in den drei Kategorien Gesellschaft, Mitarbeiter und Umwelt) |
| $\varepsilon_i$ | = | Error Term |

Die Ergebnisse der durchgeführten OLS-Regression vermittelt Tabelle 3. Zwischen der Variablen CSP als unabhängiger Variable und der Gesamtkapitalrendite als abhängiger Variable lässt sich hierbei kein signifikanter Zusammenhang feststellen. Der p-Wert der interessierenden Variablen CSP

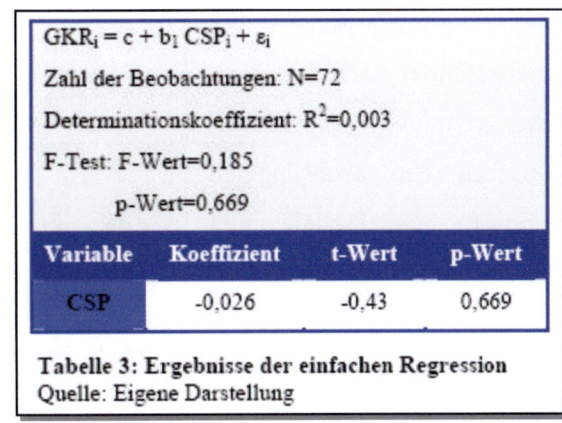

$GKR_i = c + b_1\,CSP_i + \varepsilon_i$

Zahl der Beobachtungen: N=72

Determinationskoeffizient: $R^2$=0,003

F-Test: F-Wert=0,185

p-Wert=0,669

| Variable | Koeffizient | t-Wert | p-Wert |
|---|---|---|---|
| CSP | -0,026 | -0,43 | 0,669 |

Tabelle 3: Ergebnisse der einfachen Regression
Quelle: Eigene Darstellung

beträgt 0,669 und der t-Wert -0,43, daher kann die Nullhypothese $H_0$: $b_1 = 0$ nicht verworfen werden. Hinzu kommt jedoch, dass der Determinationskoeffizient $R^2$ sehr klein ist ($R^2$=0,003), was bedeutet, dass insgesamt nur 0,3 Prozent der Varianz von GKR erklärt werden und vor allem, dass der F-Test das aufgestellte Modell als nicht signifikant identifiziert (p-Wert des F-Tests = 0,669). Daraus lässt sich ableiten, dass es sich bei dem aufgestellten Modell um eine Missspezifikation handelt und dass eine einfache Regressionsanalyse nicht geeignet ist, um den Zusammenhang zwischen der *Corporate Social Performance* und dem Unternehmenserfolg zu untersuchen.

Im nächsten Schritt wurde daher eine multiple Regression durchgeführt, in der das Verhalten der Unternehmen in den drei Bereichen Gesellschaft, Mitarbeiter und Umwelt jeweils als getrennter Einflussfaktor berücksichtigt wurde. Bewertet wurde das Verhalten der Firmen in diesen Bereichen anhand der Anzahl der Punkte im *Good Company Ranking* in der entsprechenden Kategorie. Die der multiplen Regression zugrunde liegende Gleichung wurde daher folgendermaßen aufgestellt:

$$GKR_i = c + b_1\,Gesellschaft_i + b_2\,Mitarbeiter_i + b_3\,Umwelt_i + \varepsilon_i \quad (II)$$

mit:
| | | |
|---|---|---|
| $GKR_i$ | = Gesamtkapitalrendite von Firma i als Indikator für den Unternehmenserfolg |
| i | = Index für das Unternehmen |
| c | = Konstante |
| $b_1$ | = Regressionskoeffizient für Gesellschaft |
| $Gesellschaft_i$ | = Bewertung des Verhaltens von Firma i gegenüber der Gesellschaft |
| $b_2$ | = Regressionskoeffizient für Mitarbeiter |
| $Mitarbeiter_i$ | = Bewertung des Verhaltens von Firma i gegenüber den Mitarbeitern |
| $b_1$ | = Regressionskoeffizient für Umwelt |
| $Umwelt_i$ | = Bewertung des Verhaltens von Firma i gegenüber der Umwelt |
| $\varepsilon_i$ | = Error Term |

Die Ergebnisse der durchgeführten OLS-Regression vermittelt Tabelle 4. Zwischen den unabhängigen Variablen Gesellschaft und Mitarbeiter und der abhängigen Variablen GKR lässt sich hierbei kein Zusammenhang feststellen (p-Werte > 0,05). Der p-Wert der interessierenden unabhängigen Variablen Umwelt beträgt dagegen 0,05,

$GKR_i = c + b_1\,Gesellschaft_i + b_2\,Mitarbeiter_i + b_3\,Umwelt_i + \varepsilon_i$

Zahl der Beobachtungen: N=72

Determinationskoeffizient: $R^2$=0,079

F-Test: F-Wert=1,946

p-Wert=0,130

| Variable | Koeffizient | t-Wert | p-Wert |
|---|---|---|---|
| Gesellschaft | 0,038 | 1,206 | 0,837 |
| Mitarbeiter | 0,203 | 0,765 | 0,447 |
| Umwelt | -0,337 | -1,998 | 0,050** |

\* statistisch signifikanter Zusammenhang mit p < 0,10

\*\* statistisch signifikanter Zusammenhang mit p < 0,05

Tabelle 4: Ergebnisse der multiplen Regression I
Quelle: Eigene Darstellung

womit zunächst davon ausgegangen werden kann, dass es einen signifikanten negativen Zusammenhang zwischen dem Verhalten des Unternehmens in Umweltaspekten und dem Unternehmenserfolg gibt (der Koeffizient der Variablen Umwelt ist negativ). Betrachtet man jedoch die Modellgüte, so zeigt sich, dass auch in diesem Modell nur ein sehr kleiner Teil der Varianz der Gesamtkapitalrendite erklärt wird, denn der Determinationskoeffizient $R^2$ beträgt nur 0,079. Außerdem kennzeichnet der durchgeführte F-Test das aufgestellte Modell als nicht signifikant (p-Wert des F-Tests = 0,130). Hieraus lässt sich ableiten, dass es sich auch bei diesem Modell um eine Missspezifikation handelt, bei der allem Anschein nach wichtige Variablen nicht in das Modell integriert wurden.

In einem nächsten Schritt wurde vermutet, dass sowohl das Jahr der Beobachtung als auch das Herkunftsland des Unternehmens Faktoren sein könnten, die den Unternehmenserfolg beeinflussen. Ein in Eviews durchgeführter Test auf ausgelassene Variablen bestätigte diese Vermutung, daher wurden entsprechende Variablen in die Regressionsgleichung integriert. Diese lautet nun folgendermaßen:

$$GKR_i = c + b_1 \text{ Gesellschaft}_i + b_2 \text{ Mitarbeiter}_i + b_3 \text{ Umwelt}_i + b_4 \text{ Jahr}_i$$
$$+ b_5 \text{ Deutschland}_i + b_6 \text{ Niederlande}_i + b_7 \text{ Spanien}_i + \varepsilon_i \qquad \text{(III)}$$

mit:      $GKR_i$, i, c, $b_1$, $\text{Gesellschaft}_i$, $b_2$, $\text{Mitarbeiter}_i$, $b_3$, $\text{Umwelt}_i$ analog zu Gleichung (II)

| | |
|---|---|
| $b_4$ | = Regressionskoeffizient für Jahr |
| $\text{Jahr}_i$ | = 0,1 Dummy-Variable für das Jahr |
| $b_5$ | = Regressionskoeffizient für Deutschland |
| $\text{Deutschland}_i$ | = 0,1 Dummy-Variable für Deutschland |
| $b_6$ | = Regressionskoeffizient für Niederlande |
| $\text{Niederlande}_i$ | = 0,1 Dummy-Variable für Niederlande |
| $B_7$ | = Regressionskoeffizient für Spanien |
| $\text{Spanien}_i$ | = 0,1 Dummy-Variable für Spanien |

Bei der Variablen Jahr handelt es sich hierbei um eine Dummy-Variable, die den Wert 0 annimmt, wenn die Unternehmensbewertung aus dem Jahr 2005 stammt und 1, wenn die Bewertung aus dem Jahr 2007 stammt. Bei den Variablen Deutschland, Niederlande und Spanien handelt es sich ebenfalls um Dummy-Variablen. Eine 1 bedeutet hierbei, dass das bewertete Unternehmen aus dem entsprechenden Land stammt, eine 0, dass es nicht aus diesem Land stammt. Insgesamt stammen die untersuchten Unternehmen aus vier Ländern (Deutschland, Niederlande, Spanien, England), es ist jedoch ausreichend, drei Dummy-Variablen in die Gleichung zu integrieren. Die Unternehmen aus England dienen dadurch als Referenzgruppe (vgl. Wooldridge 2003, S. 229). Die Ergebnisse der durchgeführten OLS-Regression sind in Tabelle 5 aufgeführt.

$$GKR_i = c + b_1 \text{ Gesellschaft}_i + b_2 \text{ Mitarbeiter}_i + b_3 \text{ Umwelt}_i$$
$$+ b_4 \text{ Jahr}_i + b_5 \text{ Deutschland}_i + b_6 \text{ Niederlande}_i$$
$$+ b_7 \text{ Spanien}_i + \varepsilon_i$$

Zahl der Beobachtungen: N = 72

Determinationskoeffizient: $R^2 = 0,289$

(korrigiertes $R^2 = 0,211$)

F-Test: F-Wert = 3,713

p-Wert = 0,002***

| Variable | Koeffizient | t-Wert | p-Wert |
|---|---|---|---|
| Gesellschaft | 0,112 | 0,831 | 0,410 |
| Mitarbeiter | 0,447 | 2,200 | 0,031** |
| Umwelt | -0,491 | -2,483 | 0,016** |
| Jahr | 3,552 | 2,364 | 0,021** |
| Deutschland | 6,141 | 1,040 | 0,302 |
| Niederlande | 10,258 | 1,671 | 0,100* |
| Spanien | 6,563 | 1,104 | 0,274 |

\* statistisch signifikanter Zusammenhang mit $p < 0,10$
\*\* statistisch signifikanter Zusammenhang mit $p < 0,05$
\*\*\* statistisch signifikanter Zusammenhang mit $p < 0,01$

Tabelle 5: Ergebnisse der multiplen Regression II
Quelle: Eigene Darstellung

Ein Blick auf den p-Wert des F-Tests zeigt, dass das generierte Modell hoch signifikant ist (p < 0,01). Zudem hat sich durch die Integration der zusätzlichen Variablen der Determinationskoeffizient $R^2$ auf 0,289 erhöht. Dies bedeutet, dass fast 29 Prozent der Varianz von GKR durch die verwendeten unabhängigen Variablen erklärt werden können.

Durch die Verbesserung des Modells lassen sich jetzt erstmals Aussagen über den Zusammenhang zwischen der Corporate Social Performance und dem Unternehmens-erfolg machen. Zwar lässt sich zwischen den Variablen Gesellschaft und Gesamtkapitalrendite noch immer kein signifikanter Zusammenhang feststellen (p-Wert > 0,1), bei den Variablen Mitarbeiter und Umwelt sieht es jedoch anders aus, denn bei beiden sind die die p-Werte kleiner als 0,05. Zwischen den Variablen Mitarbeiter und Gesamtkapitalrendite besteht hierbei eine positive Korrelation, was bedeutet, dass eine Verbesserung  im Verhalten eines Unternehmens gegenüber seinen Mitarbeitern zu einem höheren Unternehmenserfolg führt. Entgegen den Erwartungen hat der Koeffizient der Variablen Umwelt jedoch ein negatives Vorzeichen, es besteht also ein negativer Zusammenhang zwischen der Gesamtkapitalrendite eines Unternehmens und der Variablen Umwelt. Dies bedeutet, dass eine höheres Engagement der Unternehmen im Bereich Umwelt(schutz) zu einem niedrigeren Unternehmenserfolg führt.

Dass eine Verbesserung in der Kategorie Mitarbeiter zu einer höheren Gesamt-kapitalrendite führt, wohingegen eine Verbesserung in der Kategorie Umwelt zu einer niedrigeren Gesamtkapitalrendite führt, die Variablen also gegenläufige Effekte haben, könnte eine Begründung dafür sein, dass sich bei der Zusammenfassung der drei Kategorien Gesellschaft, Mitarbeiter und Umwelt zu der Variablen *Corporate Social Performance* kein signifikanter Zusammenhang zwischen dieser Variablen und der Gesamtkapitalrendite feststellen lässt.

Die aufgestellte Vermutung, dass sich die Modellgüte durch die Integration weiterer relevanter Variablen verbessern lässt, hat sich durch die durchgeführte Regressionsanalyse bestätigt. Doch lässt sich auch auf Basis dieses Modells keine Aussage über den Zusammenhang zwischen den Variablen Gesellschaft und GKR treffen. Hinzu kommt, dass der größte Teil der Varianz des Unternehmenserfolges noch immer nicht erklärt werden kann. Aus diesem Grund wird im nächsten Analyseschritt eine Panelanalyse durchgeführt.

## 5.2.2 Panelanalyse

Bei der Panelanalyse handelt es sich um eine spezielle Form der Untersuchung, die bestimmte Anforderungen an die erhobenen Daten stellt. Um eine Panelanalyse durchführen zu können, müssen zu verschiedenen Zeitpunkten (z.B. in Jahresabständen) Erhebungen mit der selben Stichprobe durchgeführt wird, es muss also mehrfach die gleiche Variable an den gleichen Untersuchungsobjekten erhoben werden. Durch diese Erhebungsmethode werden in der Panelanalyse Quer- und Längsschnittdaten miteinander verbunden und man hat den großen Vorteil, dass man zweidimensionale Daten verwendet (vgl. Wooldridge 2003, S. 426ff.).

Eine besondere Form der Panelanalyse ist die zwei-periodische Panelanalyse, die Anwendung findet, wenn die Daten lediglich zu zwei verschiedenen Zeitpunkten erhoben wurden. Da die verwendete Stichprobe dafür geeignet ist (sie enthält für jedes Unternehmen eine Beobachtung aus dem Jahr 2005 und eine Beobachtung aus dem Jahr 2007), wird nun eine solche zwei-periodische Panelanalyse durchgeführt (zum Vorgehen vgl. Wooldridge 2003, S. 438ff.). Ausgangspunkt ist hierbei die folgende Gleichung IV:

$$GKR_{it} = c + \delta_0 \, Jahr_t + b_1 \, Gesellschaft + b_2 \, Mitarbeiter + b_3 \, Umwelt + a_i + u_{it} \, , \, t{=}1,2 \quad (IV)$$

In der Notation $GKR_{it}$ ist GKR wie in den vorherigen Gleichungen die Gesamtkapitalrendite, i steht für das beobachtete Unternehmen und t gibt die Zeitperiode der Beobachtung an. Die Variable $Jahr_t$ ist eine Dummy-Variable, die den Wert 0 annimmt, wenn t = 1 und 1, wenn t = 2 ist. Daher entspricht der Achsenabschnitt für t = 1 c, der Achsenabschnitt für t = 2 dagegen $c+\delta_0$. Der Achsenabschnitt kann also für die beiden Zeitperioden der Bewertung unterschiedlich sein.

Die Variable $u_{it}$ ist der so genannte „idiosyncratic error", der unbeobachtete Effekte beinhaltet, die sich über die Zeit hinweg ändern. Damit entspricht $u_{it}$ dem Störterm in den vorher verwandten Regressionsmodellen. Dagegen enthält $a_i$ alle unbeobachteten, über die Zeit jedoch gleich bleibenden Faktoren, die die Variable $GKR_{it}$ beeinflussen. Daher wird $a_i$ oft auch als „fixed effect" bezeichnet.

Auf Basis des Erhebungszeitpunktes können die einzelnen Beobachtungen in zwei Gruppen eingeteilt und für jedes Unternehmen zwei Gleichungen nach folgendem Muster aufgestellt werden:

$$GKR_{i2} = c + \delta_0 + b_1 Gesellschaft_{i2} + b_2 Mitarbeiter_{i2} + b_3 Umwelt_{i2} + a_i + u_{it} \quad (t=2) \ (V)$$

$$GKR_{i1} = c + b_1 Gesellschaft_{i1} + b_2 Mitarbeiter_{i1} + b_3 Umwelt_{i1} + a_i + u_{it} \quad (t=1) \quad (VI)$$

Da $a_i$ über die Zeit konstant ist, ergibt sich durch Subtraktion der sechsten von der fünften Gleichung die folgende Gleichung:

$$\Delta GKR_i = \delta_0 + b_1 \Delta Gesellschaft_i + b_2 \Delta Mitarbeiter_i + b_3 \Delta Umwelt_i + \Delta u_i \quad (VII)$$

| | | |
|---|---|---|
| mit: | $\Delta GKR_i$ | = Veränderung der Gesamtkapitalrendite von Firma i von Periode 1 zu Periode 2 als Indikator für die CFP |
| | i | = Index für das Unternehmen |
| | $\delta_0$ | = Konstante |
| | $b_1$ | = Regressionskoeffizient für $\Delta$Gesellschaft |
| | $\Delta Gesellschaft_i$ | = Veränderung der GCR-Punkte von Firma i in der Kategorie Gesellschaft von Periode 1 zu Periode 2 |
| | $b_2$ | = Regressionskoeffizient für $\Delta$Mitarbeiter |
| | $\Delta Mitarbeiter_i$ | = Veränderung der GCR-Punkte von Firma i in der Kategorie Mitarbeiter von Periode 1 zu Periode 2 |
| | $b_3$ | = Regressionskoeffizient für $\Delta$Umwelt |
| | $\Delta Umwelt_i$ | = Veränderung der GCR-Punkte von Firma i in der Kategorie Umwelt von Periode 1 zu Periode 2 |
| | $\Delta u_i$ | = Error Term |

Die hergeleitete Gleichung VIII kann mittels der OLS-Methode geschätzt werden. Die Ergebnisse dieser Schätzung sind in Tabelle 6 aufgeführt.

Ein Blick auf den p-Wert des F-Tests verrät, dass das Modell bei einem Signifikanzniveau von $\alpha = 0,1$ signifikant ist (p = 0,088) und dass durch die verwendeten Variablen 18,2 Prozent der Varianz von $\Delta$GKR erklärt werden können ($R^2 = 0,182$). Der p-Wert der unabhängigen Variablen $\Delta$Umwelt ist zu groß, als dass von einem signifikanten Einfluss auf

$$\Delta GKR_i = \delta_0 + b_1 \Delta Gesellschaft_i + b_2 \Delta Mitarbeiter_i + b_3 \Delta Umwelt_i + \Delta u_i$$

Zahl der Beobachtungen: N = 36
Determinationskoeffizient: $R^2 = 0,182$
F-Test: F-Wert = 2,377
    p-Wert = 0,088*

| Variable | Koeffizient | t-Wert | p-Wert |
|---|---|---|---|
| $\Delta$Gesellschaft | -0,439 | -2,612 | 0,014** |
| $\Delta$Mitarbeiter | 0,223 | 1,768 | 0,087* |
| $\Delta$Umwelt | 0,133 | 1,058 | 0,298 |

\* statistisch signifikanter Zusammenhang mit p < 0,10
** statistisch signifikanter Zusammenhang mit p < 0,05

Tabelle 6: Ergebnisse der Paneldatenregression
Quelle: Eigene Darstellung

ΔGKR gesprochen werden könnte. Interessant ist jedoch, dass die Variable ΔGesellschaft einen signifikant negativen Einfluss auf ΔGKR hat (p-Wert = 0,017). Dies bedeutet, dass einhöheres Engagement der Unternehmen gegenüber der Gesellschaft entgegen der aufgestellten Vermutung zu einer Verschlechterung des Unternehmenserfolges führt. Die Variable ΔMitarbeiter dagegen hat einen signifikant positiven Einfluss auf ΔGKR, eine Verbesserung im Umgang mit den Mitarbeitern führt demnach zu einer verbesserten finanziellen Performance. Dieses Ergebnis deckt sich mit dem Ergebnis aus der vorherigen Regression (siehe Tabelle 5).

### 5.2.3 Sensitivitätsanalyse

Die bisher durchgeführten Regressionsanalysen lieferten entgegen den Erwartungen das Ergebnis, dass ein hohes Engagement von Unternehmen gegenüber der Gesellschaft und der Umwelt einen negativen Einfluss auf den Unternehmenserfolg hat. Lediglich zwischen dem Verhalten gegenüber den Mitarbeitern und dem Unternehmenserfolg ließ sich ein positiver Zusammenhang feststellen. Im Rahmen einer Sensitivitätsanalyse sollen die Wirkungszusammenhänge der Variablen nun noch weiter untersucht werden.

In einer weiteren Regressionsanalyse wurde daher zunächst untersucht, ob sich ein statistisch signifikanter Zusammenhang zwischen der Gesamtkapitalrendite und der Corporate Social Performance feststellen lässt, wenn die Corporate Social Performance als abhängige Variable und die Gesamtkapitalrendite als unabhängige Variable definiert wird. Sollte dies der Fall sein, so müsste man von umgedrehter Kausalität ausgehen, d.h., dass Firmen nicht deshalb erfolgreich sind, weil sie sich gesellschaftlich verantwortlich verhalten, sondern, dass sie sich gesellschaftlich verantwortlich verhalten, weil sie erfolgreich sind (sprich: weil sie es sich leisten können). Eine solche umgekehrte Kausalität würde den getroffenen theoretischen Annahmen widersprechen und die bisher gefundenen Ergebnisse in Frage stellen.

Um diesen Sachverhalt zu testen und um herauszubekommen, welche Faktoren Unternehmen dazu veranlassen, sich gesellschaftlich verantwortlich zu verhalten, wurde ein multiple Regressionsgleichung aufgestellt, in der die Corporate Social Performance als abhängige Variable definiert ist. In bisherigen Untersuchungen wurde festgestellt, dass sowohl das Herkunftsland eines Unternehmens, als auch die Unternehmensgröße sowie die Branche, in der ein Unternehmen tätig ist, Einfluss darauf nehmen, wie verantwortlich sich ein Unternehmen verhält (vgl. Waddock / Graves 1997 ; Bassen et al. 2006 ; Cochran / Wood 1984). Daher wurden neben der Gesamtkapitalrendite auch das Herkunftsland des Unternehmens, die Branche des Unternehmens, die Unternehmensgröße sowie das Jahr der Beobachtung, als unabhängige Variablen verwendet. Damit ergab sich folgende Gleichung VIII:

$$CSP_i = c + b_1 GKR_i + b_2 \text{Unternehmensgröße}_i + b_3 \text{Jahr}_i + b_4 \text{Deutschland}_i$$
$$+ b_5 \text{Niederlande}_i + b_6 \text{England}_i + b_7 \text{Financials}_i + b_8 \text{Goods}_i$$
$$+ b_9 \text{Oil}_i + b_{10} \text{Sonstige}_i + \varepsilon_i \qquad \text{(VIII)}$$

| mit: | | |
|---|---|---|
| | $CSP_i$ | = Corporate Social Performance von Unternehmen i |
| | c | = Konstante |
| | $b_1$ | = Regressionskoeffizient für GKR |
| | $GKR_i$ | = Gesamtkapitalrendite von Unternehmen i als Indikator für den Unternehmenserfolg |
| | $b_2$ | = Regressionskoeffizient für Unternehmensgröße |
| | Unternehmens-größe | = Unternehmensgröße, gemessen an der Anzahl an Mitarbeitern |
| | $b_3$ | = Regressionskoeffizient für Jahr |
| | $Jahr_i$ | = 0,1 Dummy-Variable für das Jahr |
| | $b_4$ , $b_5$ , $b_6$ | = Regressionskoeffizienten der Länder (Deutschland, Niederlande, England) |
| | $Deutschland_i$ | = 0,1 Dummy-Variable für Deutschland |
| | $Niederlande_i$ | = 0,1 Dummy-Variable für Niederlande |
| | $England_i$ | = 0,1 Dummy-Variable für Deutschland |
| | $b_7$ , $b_8$ , $b_9$ , $b_{10}$ | = Regressionskoeffizienten für die Branchen (Financials, Goods, Oil, Sonstige) |
| | $Financials_i$ | = 0,1 Dummy-Variable für die Finanzbranche |
| | $Goods_i$ | = 0,1 Dummy-Variable für die Konsumgüterbranche |
| | $Oil_i$ | = 0,1 Dummy-Variable für die Öl&Gas-Branche |
| | $Sonstige_i$ | = 0,1 Dummy-Variable für sonstige Branchen |

Die Ergebnisse der OLS-Schätzung sind in Tabelle 7 aufgeführt. Der p-Wertes des F-Tests von 0,002 kennzeichnet das Modell als hoch signifikant. Zusätzlich gibt der Determinationskoeffizient $R^2 = 0,346$ an, dass durch die verwendeten unabhängigen Variablen 34,6 Prozent der Varianz von CSP erklärt werden können (korrigiertes $R^2 = 0,239$).

Die zu testende Hypothese, dass der Unternehmenserfolg einen signifikanten Einfluss auf die gesellschaftliche Verantwortung eines Unternehmens ausübt, kann aufgrund dieses Modells nicht bestätigt werden, da der p-Wert des Koeffizienten der Gesamtkapitalrendite mit 0,2501 weit über dem maximal akzeptierbaren Signifikanz-niveau von $\alpha = 0,1$ liegt. Dieses Ergebnis wird als eine Bestätigung der Robustheit der vorher geschätzten Ergebnisse angesehen, da eine umgekehrte Kausalität nicht vorliegt.

Betrachtet man die weiteren Ergebnisse der Schätzung, kann geschlossen werden, dass die Unternehmensgröße einen signifikant positiven Einfluss auf die gesellschaftliche Verantwortung der Unternehmen ausübt (p-Wert < 0,001). Dies bedeutet, dass ein Unternehmen sich um so verantwortlicher verhält, je größer es ist. Zwar ist der Koeffizient für die Unternehmensgröße mit $b_2 = 0,0000311$ extrem klein, hierbei muss jedoch beachtet werden, dass die Unternehmensgröße durch die Anzahl an Mitarbeitern gemessen wurde. Der

$$CSP_i = c + b_1 GKR_i + b_2 Unternehmensgröße_i + b_3 Jahr_i + b_4 Deutschland_i + b_5 Niederlande_i + b_6 England_i + b_6 Financials_i + b_7 Goods_i + b_8 Oil_i + b_9 Sonstige_i$$

Zahl der Beobachtungen: N = 72

Determinationskoeffizient: $R^2 = 0,274$

korrigiertes $R^2 = 0,208$

F-Test: F-Wert = 4,099

p-Wert = 0,002***

| Variable | Koeffizient | t-Wert | p-Wert |
|---|---|---|---|
| GKR | -0,205 | -1,161 | 0,250 |
| Unternehmensgröße | 3,11E-05 | 3,504 | 0,001*** |
| Jahr | -2,391 | -1,039 | 0,303 |
| Deutschland | -1,966 | -0,586 | 0,560 |
| Niederlande | -1,251 | -0,309 | 0,758 |
| England | -6,093 | -1,328 | 0,189 |
| Financials | -12,957 | 3,771 | 0,000*** |
| Goods | -10,301 | -2,965 | 0,004*** |
| Oil | 11,834 | 3,232 | 0,002*** |
| Sonstige | -12,454 | -4,397 | 0,000*** |

\* statistisch signifikanter Zusammenhang mit $p < 0,10$

\*\* statistisch signifikanter Zusammenhang mit $p < 0,05$

\*\*\* statistisch signifikanter Zusammenhang mit $p < 0,01$

Tabelle 7: Ergebnisse der Schätzung von Gleichung VIII
Quelle: Eigene Darstellung

Koeffizient gibt also an, welchen Einfluss ein zusätzlicher Mitarbeiter auf die *Corporate Social Performance hat*, so dass der sehr kleine Wert verständlich ist. Obgleich oft argumentiert wird, dass die Unternehmensgröße einen wesentlichen Einfluss auf die *Corporate Social Performance* eines Unternehmens hat, da sich kleinere Unternehmen größere CSR-Aktivitäten gar nicht leisten können (vgl. Waddock / Graves 1997 ; Bassen et al. 2006), ist dieses Ergebnis überraschend, weil in die Beobachtung von vornherein nur Unternehmen eingingen, die zu den größten Europas gehören (vgl. Kröher 2007). Interessant ist auch die Tatsache, dass das Land, aus dem das Unternehmen stammt, keinen signifikanten Einfluss auf die *Corporate Social Performance* des Unternehmens hat. Hier wurde vermutet, dass die unterschiedlichen Vorschriften und Anforderungen in den einzelnen Ländern einen wesentlichen Einflussfaktor auf die *Corporate Social Performance* der Unternehmen darstellen (vgl. Bassen et al. 2006, S. 25). Allerdings kann argumentiert werden, dass alle hier untersuchten Unternehmen aus Europa stammen (Deutschland, Niederlande, England, Spanien) und dass die Vorschriften innerhalb Europas nicht so bedeutend variieren. Demgegenüber bestätigen die Ergebnisse der Regression eindeutig, dass die Branche einen signifikanten Einfluss auf die *Corporate Social Performance* ausübt. Die Koeffizienten $b_7$, $b_8$, $b_9$, $b_{10}$ der einzelnen Branchen sind alle zweistellig und hoch signifikant (p-Werte < 0,01). Die Ergebnisse zeigen also, dass das Engagement der Unternehmen im Bereich *Corporate Social Responsibility* stark davon abhängt, wie groß ein Unternehmen ist und in welcher Branche es tätig ist. Die gefundenen Ergebnisse lassen darauf schließen, dass Unternehmen einen großen Teil ihrer CSR-Aktivitäten nicht deshalb unternehmen, weil sie sich davon einen Wettbewerbsvorteil erhoffen, sondern weil von außen Druck auf sie ausgeübt wird, sich gesellschaftlich verantwortlich zu verhalten. Denn der gesellschaftliche Druck ist bei Unternehmen verschiedener Branchen unterschiedlich hoch und um so höher, je größer ein Unternehmen ist.

Im Zuge der Sensitivitätsanalyse wurden noch weitere Schätzungen durchgeführt. In diesen wurde untersucht, ob der Unternehmenserfolg einen signifikanten Einfluss auf die einzelnen Bereiche der *Corporate Social Performance* (Verhalten gegenüber der Gesellschaft, den Mitarbeitern und der Umwelt) ausübt. Die Gleichungen hierfür wurden analog zu Gleichung VIII aufgestellt, wobei als abhängige Variable statt der *Corporate Social Performance* als Gesamtbewertung einmal das Verhalten gegenüber der Gesellschaft, einmal das Verhalten gegenüber den Mitarbeitern und einmal das Verhalten gegenüber der Umwelt verwendet wurde.

Die Ergebnisse der durchgeführten Schätzungen bestätigen, dass die Branche des Unternehmens einen wesentlichen Einfluss darauf ausübt, wie sich ein Unternehmen verhält, wohingegen das Herkunftsland des Unternehmens keinen Einfluss auf das Verhalten des Unternehmens ausübt. Außerdem zeigte sich hier, dass der Unternehmenserfolg keinen signifikanten Einfluss auf das Verhalten gegenüber der Gesellschaft und keinen signifikanten Einfluss auf das Verhalten gegenüber den Mitarbeitern ausübt. Allerdings ließ sich ein signifikant negativer Einfluss des Unternehmenserfolges auf das Verhalten im Bereich Umwelt feststellen. In diesem Bereich lässt sich daher eine umgekehrte Kausalität vermuten und es wäre wünschenswert, wenn zukünftige Studien untersuchen würden, welche Motive Firmen dazu veranlassen, sich ökologisch verantwortlich zu verhalten.

# 5.3 Zusammenfassung und Interpretation der Ergebnisse

Ausgangspunkt der durchgeführten Untersuchung war die Frage, ob und in welcher Form die Wahrnehmung gesellschaftlicher Verantwortung durch ein Unternehmen den Unternehmenserfolg beeinflusst. Aufgrund der vorgestellten instrumentellen Stakeholdertheorie wurde davon ausgegangen, dass es eine positive Korrelation zwischen der *Corporate Social Responsibility* und dem Unternehmenserfolg gibt und dass die langfristige Profitmaximierung nur möglich ist, wenn das Unternehmen bei seinen Handlungen die Interessen all seiner Stakeholder berücksichtigt, sich also gesellschaftlich verantwortlich verhält. Untermauert wurde diese These zusätzlich durch den Ressourcenansatz und durch die Transaktionskostentheorie. Eine empirische Bestätigung der Hypothese, dass es einen positiven Zusammenhang zwischen der *Corporate Social Responsibility* und dem Unternehmenserfolg gibt, wäre demnach eine Bestätigung der Stakeholder-Theorie und würde beweisen, dass es im Sinne der langfristigen Gewinnmaximierung notwendig ist, gesellschaftlich verantwortlich zu agieren.

Im Zuge der empirischen Untersuchung konnte die aufgestellte Hypothese jedoch nur teilweise bestätigt werden. Nachdem in einer ersten Regressionsanalyse kein signifikanter Zusammenhang zwischen der *Corporate Social Performance* und dem Unternehmenserfolg nachgewiesen werden konnte, wurde im Folgenden untersucht, ob sich ein Zusammenhang zwischen den einzelnen Aspekten der *Corporate Social Performance* und dem Unternehmenserfolg feststellen lässt. Konsistent mit der aufgestellten Hypothese ließ sich dabei ein positiver Zusammenhang zwischen dem Unternehmenserfolg und dem Umgang mit den Mitarbeitern feststellen, d.h., dass ein guter Umgang mit den Mitarbeitern sich positiv auf den Unternehmenserfolg auswirkt. Dies ist eine Bestätigung dafür, dass die Mitarbeiter eines Unternehmens eine wichtige Stakeholdergruppe sind, die den Erfolg eines Unternehmens wesentlich beeinflussen können. Daher sollten Unternehmen sich allein schon aus Eigennutz den Mitarbeitern verpflichtet sehen und sich in diesem Bereich engagieren. Denn nur, wenn die Bedürfnisse der Mitarbeiter bei Unternehmensentscheidungen berücksichtigt werden, kommt es zu einer guten Beziehung zwischen einem Unternehmen und seinen Mitarbeitern und zu einer Erhöhung des Unternehmenserfolges. Entgegen der aufgestellten Hypothese offenbarten die durchgeführten Analysen jedoch, dass sich sowohl ein vorbildliches Verhalten der Unternehmen in Umweltbelangen als auch ein engagiertes Verhalten gegenüber der Gesellschaft negativ auf den Unternehmenserfolg auswirken. Hieraus lässt sich folgern, dass Unternehmen, die sich in diesen Bereichen engagieren, hohe Kosten entstehen, ohne dass sie hierfür einen Gegenwert erhalten. Als Begründung lassen sich zwei unterschiedliche Thesen aufstellen: Eine mögliche Begründung könnte sein, dass das Engagement der Unternehmen in diesen Bereichen bereits über den Erwartungen der Stakeholder liegt, weswegen ein weiteres Engagement nicht mehr honoriert wird. Eine zweite Begründung könnte sein, dass die Unternehmen sich in diesen Bereichen zwar engagieren, hierbei jedoch Geld für Aktivitäten ausgeben, die nicht den Wünschen der relevanten Stakeholder entsprechen und deswegen ebenfalls nicht honoriert werden.

Die aufgedeckten Zusammenhänge decken sich mit den Ergebnissen der Studie von Bird et al. (2007). Auch in dieser Studie wurde festgestellt, dass sich ein engagiertes Verhalten gegenüber den Mitarbeitern positiv auf den Unternehmenserfolg auswirkt, wohingegen ein überdurchschnittliches Engagement gegenüber der Gesellschaft und der Umwelt negative Folgen für den Unternehmenserfolg nach sich zieht (vgl. Bird et al. 2007). Begründet werden diese Ergebnisse dadurch, dass ein vorbildliches Verhalten gegenüber der Gesellschaft oftmals bedeutet, dass das Unternehmen eine Reihe von philanthropischen Aktivitäten finanziert und dass dies vom Markt weder erwartet noch honoriert wird, so dass dem Unternehmen hierdurch lediglich Kosten entstehen, die sich letztendlich negativ auf den Unternehmenserfolg auswirken. Und obwohl das Thema Umweltschutz und verantwortungsvoller Umgang mit den natürlichen Ressourcen in der öffentlichen Diskussion einen breiten Raum einnimmt, scheint der Markt von den Unternehmen lediglich zu erwarten, gewisse Mindeststandards zu erfüllen, denn auch Unternehmen, die sich im Bereich Umwelt außergewöhnlich engagiert verhalten, sehen sich mit einem negativen Einfluss auf den Unternehmenserfolg konfrontiert (vgl. Bird et. al 2007)

Aus diesen Ergebnissen leiten Bird et al. (2007) ab, dass Unternehmen, die im Sinne der neoklassischen Sichtweise ihre langfristigen Profite maximieren wollen, sich bei ihrem Verhalten gegenüber der Gesellschaft und der Umwelt an den gesetzlichen Vorgaben orientieren und lediglich die herrschenden Standards erfüllen sollen. Nur in den Beziehungen zu den Mitarbeitern sollte über die gesetzlichen Rahmenbedingungen hinausgegangen werden, da in diesem Bereich CSR-Aktivitäten honoriert werden und zu einem höheren Unternehmenserfolg führen (vgl. Bird et al. 2007). Dabei handelt es sich jedoch um einen voreiligen Schluss, denn Bird et al. (2007) haben nicht untersucht, ob sich generell alle freiwilligen Aktivitäten in den Bereichen Gesellschaft und Umwelt negativ auf den Unternehmenserfolg auswirken oder nur eine bestimmte Art von CSR-Aktivitäten. In ihrem Artikel „Wohltaten mit System" argumentieren Porter / Kramer (2007) beispielsweise, dass CSR-Aktivitäten mehr sein können als bloße Kostenfaktoren und kritisieren, dass Unternehmen derzeit zwar viel Geld in solche Aktivitäten investieren, sich jedoch so unkoordiniert und isoliert vom Geschäft und der Unternehmensstrategie engagieren, dass es für sie unmöglich ist, hieraus einen Wettbewerbsvorteil zu ziehen (vgl. Porter / Kramer 2007, S. 16). Porter / Kramer (2007) fordern die Unternehmen deshalb auf, an die Umsetzung von CSR strategisch heranzugehen und ihr gesellschaftliches Engagement an der eigenen Wertschöpfungskette auszurichten. Hierbei führen sie eine Reihe von Beispielen für CSR-Aktivitäten auf, die dem Unternehmen nicht nur Kosten aufbürden, sondern bei denen auch davon ausgegangen werden kann, dass sie dem Unternehmen einen Wettbewerbsvorteil bringen (vgl. Porter / Kramer 2007, S. 23ff.). Da hierbei auch eine ganze Reihe von Aktivitäten aufgezählt werden, die zu einer Verbesserung der Beziehungen zur Gesellschaft bzw. zur Umwelt führen, stellt sich meiner Meinung nach die Frage, ob der gefundene negative Zusammenhang zwischen dem Unternehmenserfolg und dem Engagement in Umweltbelangen bzw. gegenüber der Gesellschaft wirklich so zu interpretieren ist, dass CSR-Aktivitäten sich in diesen Bereichen grundsätzlich negativ auf den Unternehmenserfolg auswirken und dass deswegen lediglich gewisse Mindeststandards erfüllt werden sollten (vgl. Bird et al. 2007), oder ob der gefundene negative Zusammenhang nicht vielmehr so zu interpretieren ist, dass Unternehmen ihre CSR-Aktivitäten in diesen Bereichen strategischer angehen müssen, damit sie die CSR-Aktivitäten durchführen, von denen sie nicht nur Kosten, sondern auch einen Wettbewerbsvorteil erwarten können. Künftige Studien zum Thema Corporate Social Responsibility und Unternehmenserfolg sollten sich daher der Frage widmen, welche CSR-Aktivitäten vom Markt honoriert werden und welche lediglich zu Kosten für das Unternehmen führen.

Da es als unrealistisch anzusehen ist, dass sich Unternehmen auf lange Sicht mit einem finanziell hohen Aufwand engagieren, ohne dass sie hiervon in irgendeiner Weise einen Vorteil haben, würde die Identifikation von CSR-Aktivitäten mit einem gemeinsamen Mehrwert für Unternehmen und Gesellschaft (Shared Value, vgl. Porter / Kramer 2007, S. 24) sowohl der Gesellschaft als Ganzes als auch den einzelnen Unternehmen einen Vorteil bringen. Für die Gesellschaft ergäbe sich der Vorteil, dass Unternehmen sich stärker engagieren und sich verantwortlicher verhalten würden. Für die Unternehmen würde sich dagegen die Möglichkeit bieten, durch ein gesellschaftlich verantwortliches Handeln Wettbewerbsvorteile zu generieren und dadurch ihren Unternehmenserfolg zu erhöhen.

# 6. Schlussbetrachtung und Ausblick

In der vorliegenden Arbeit wurde untersucht, wie sich die Übernahme gesellschaftlicher Verantwortung auf den Unternehmenserfolg auswirkt. Die aufgrund theoretischer Vorüberlegungen aufgestellte Hypothese, dass es einen positiven Zusammenhang zwischen CSR und Unternehmenserfolg gibt, konnte im Rahmen der empirischen Untersuchung nicht eindeutig bestätigt werden, da lediglich ein vorbildliches Verhalten gegenüber den Mitarbeitern einen signifikant positiven Einfluss auf den Unternehmenserfolg hatte, wohingegen für unternehmerisches Engagement in den Bereichen Umwelt und Gesellschaft ein negativer Einfluss auf den Unternehmenserfolg gefunden wurde. Hier bleibt jedoch die Frage offen, ob CSR-Aktivitäten in diesen Bereichen generell zu einer Verschlechterung des Unternehmenserfolges führen, oder ob die Unternehmen ihre Aktivitäten in diesen Bereichen zu wenig strategisch auswählen und sich deswegen in Bereichen engagieren, die ihnen lediglich Kosten verursachen, ohne ihnen einen Wettbewerbsvorteil zu bringen. Daher sollten sich künftige Untersuchungen darauf konzentrieren, diejenigen CSR-Aktivitäten zu identifizieren, die sowohl für die Gesellschaft als Ganzes als auch für die Unternehmen einen Vorteil bringen. Die Identifikation solcher CSR-Aktivitäten würde den Unternehmen die Möglichkeit bieten, durch ein gesellschaftlich verantwortliches Verhalten Wettbewerbsvorteile zu generieren und dadurch den Unternehmenserfolg zu erhöhen. Und für die Gesellschaft als Ganzes ergäbe sich der Vorteil, dass Unternehmen sich verstärkt gesellschaftlich engagieren und zu einer positiven Entwicklung auf gesamtgesellschaftlicher Ebene beitragen würden.

# Literaturverzeichnis

AUPPERLE, Kenneth E. / Carroll, Archie B. / Hatfield, John D. (1985): „An Empirical Examination of the Relationship Between Corporate Social Responsibility and Profitability", in: Academy of Management Journal; June 1985.

BAMBERGER, Ingolf / Wrona, Thomas (1996): "Der Ressourcenansatz im Rahmen des Strategischen Managements", Arbeitspapier Nr.8/1996 der Universität Essen, im Internet unter: http://www.uni-essen.de/o&p/service/download/arbeitspapiere/wp8.pdf, Recherche vom 2.09.2007.

BANK SARASIN & CIE AG (2007): „Bank Sarasin & Cie AG – Responsibly yours", im Internet unter: http://www.sarasin.ch/internet/iech/index_iech.htm , Recherche vom 07.09.2007.

BARNEY, J. (1991): „Firm Resources and Sustained Competitive Advantage", in: Journal of Management 17(1), S.99 – 120.

BASSEN, Alexander / Hölz, Hanns-Michael / Schlange, Joachim /Meyer, Katrin / Zamostny, Andreas (2006): „The Influence of Corporate Responsibility on the Cost of Capital", im Internet unter: http://www.schlange-co.com/fileadmin/user_upload/Studien/CR_CostOfCapital_Schlange_Co.pdf, Recherche vom 20.08.2007.

BELIVEAU, Barbara / Cottrill, Melville / O'Neill, Hugh M. (1994): "Predicting Corporate Social Responsiveness: A Model Drawn from Three Perspectives", in: Journal of Business Ethics 13, 1994, S.731 -738.

BIRD, Ron / Hall, Anthony D. / Momentè, Francesco / Reggiani, Francesco (2007): "What Corporate Responsibility Activities Are Valued By the Market?", Journal of Business Ethics, 0167-4544, Springer, forthcoming, 2007, im Internet vorab (ohne Seitenzahlen) veröffentlicht unter: http://www.springerlink.com/content/n67k7067k8218205/fulltext.pdf, Recherche vom 06.09.2007.

BOWEN, Howard R. (1953): "Social responsibilities of the businessman", Harper&Row, New York 1953.

BOWIE, Norman (1991): "New Directions in Corporate Social Responsibility", in: Business Horizons, July-August 1991, S.56 – 65.

BOWMAN, E. / Haire, M. (1975): "A Strategic Posture Toward Corporate Social Responsibility", in: California Management Review 18 (2), S.49 – 58.

BRANCO, Manuel Castelo / Rodrogues, Lùcia Lima (2006): „Corporate Social Responsibility and Resource-Based Perspectives", in: Journal of Business Ethics 69, S.111-132.

BROWN, David (2003): „Verantwortlich, rechenschaftspflichtig, transparent", Arbeitspapier der Bundesinitiative „Unternehmen: Partner der Jugend (UPJ)", im Internet unter: http://www.upj-online.de/media/upj/downloads/Downloads/UPJ_Downloads/Brown_Verantwortlich_rechenschaftspflichtig_transparent.pdf, Recherche vom: 09.09.2007.

CARROLL, Archie B. (1979): "A Three-Dimensional Conceptual Model of Corporate Performance", in: The Academy of Management Review, Vol.4, No.4, 1979, S.497-505.

CARROLL, Archie B. (1991): „The Pyramid of Corporate Social Responsibility: Toward the Moral Management of Organisational Stakeholders", in: Business Horizons 34, S.39-48.

CARROLL, Archie B. (1999): "Corporate Social Responsibility – Evolution of a Definitional Construct", in: Business and Society, September 38(3), S. 268 – 295.

CARROLL, Archie B. (2000): "A Commentary and an Overview of Key Questions on CorporateSocial Performance Measurement", in: Business and Society, December 2000; 39, 4, S.466 – 478.

CARROLL, Archie B. (2003): "Business & Society. Ethics and Stakeholder Management.", South-Western Educational Publishing, 2003.

CETINDAMAR, Dilek / Husoy, Kristoffer (2007): "Corporate Social Responsibility Practices and Environmentally Responsible Behavior: The Case of The United Nations Global Compact", in: Journal of Business Ethics 2007, forthcoming, Vorabveröffentlichung (ohne Seitenzahlen) im Internet unter: http://www.springerlink.com/content/65328647kmw2rpx8/fulltext.pdf, Recherche vom 20.09.2007.

CNNMONEY.COM (2007): „Fortune 500", im Internet unter: http://cgi.money.cnn.com/tools/fortune/custom_ranking.jsp, Recherche vom 08.09.2007.

COCHRAN, Philip L. / Wood, Robert A. (1984):" Corporate Social Responsibility and Financial Performance", in: Academy of Management Journal 27(1), S. 42-56.

COOPER, Stuart (2004): "Corporate Social Performance: A Stakeholder Approach", Ashgate Publishing 2004.

CRANE, Andrew / Matten, Dirk (2004): "Business Ethics: A European Perspective", Oxford University Press, Oxford 2004.

DEMMER, Christine (2002): "Der Kurswert als Maß aller Dinge", in: Süddeutsche Zeitung vom 25.05.2002, im Internet unter: http://www.sueddeutsche.de/jobkarriere/berufstudium/artikel/925/8917/print.html, Recherche vom 17.09.2007

DOW JONES INDEXES 7 STOXX LTD 7 SAM GROUP (2006): "Dow Jones Sustainability World Indexes Guide", Version 8.0, August 2006, im Internet unter: http://www.sustainability-index.com/djsi_pdf/publications/Guidebooks/DJSI_Guidebook_World_80.pdf, Recherche vom 07.09.2007.

DRESEWSKI, Felix et al. (2001): „Soziale Verantwortung von Unternehmen bewerten. Ausgewählte Informationsquellen zu Richtlinien, Standards, Bewertungsinstrumenten, Berichterstattung und Ethischem Investment", Arbeitspapier der Bundesinitiative Unternehmen: Partner der Jugend (UPJ)", im Internet unter: http://www.upj-online.de/media/upj/downloads/Downloads/UPJ_Downloads/Dresewski_Soziale_Verantwortung_bewerten.pdf, Recherche vom: 05.09.2007.

ECONSENSE (2007): „Mehr Transparenz, mehr Effizienz, mehr Akzeptanz – Diskussionsbeitrag von econsense zur Zukunft von CSR-Ratings", im Internet unter: http://www.econsense.de/_PUBLIKATIONEN/_ECONSENSE_PUBLIK/images/Diskussionsbeitrag_CSR_Ratings_d.pdf, Recherche vom 02.09.2007.

FALCK, Oliver / Heblich, Stephan (2006): „Corporate Social Responsibility: Einbettung des Unternehmens in das Wirtschaftssystem", in: Passauer Diskussionspapiere, Diskussionsbeitrag Nr. V-45-06, März 2006, im Internet unter: http://www.wiwi.uni-passau.de/fileadmin/dokumente/lehrstuehle/wilhelm/Working_Papers_PDF/V-45-06.pdf, Recherche vom 08.09.2007.

FAZ.NET (2007): http://www.faz.net/s/homepage.html. Auf FAZ.net wurden im August 2007 die Daten zur Gesamtkapitalrendite sowie zur Unternehmensgröße der einzelnen Unternehmen recherchiert. Dabei wurde für jedes Unternehmen die Aktie auf FAZ.net gesucht und dann der Bereich Fundamental-Analyse aufgerufen, in dem die Daten aufgelistet werden. Schematisch wurde dabei folgendermaßen vorgegangen: 1. Aufrufen der FAR.net Homepage → Aufrufen des Bereich Investor → Eingabe des betreffenden Unternehmens unter „Kurssuche"→ Aufruf der Stammaktie -→ Aufrufen des Bereichs Fundamental-Analyse.

FINANCIAL TIMES DEUTSCHLAND (2005): "Glossar" in: Sonderbeilage Corporate Social Responsibility, 07.12.2005, S.A1-A12.

FREEMAN, R. Edward (1984): "Strategic Management: A Stakeholder Approach", Pitman., Boston 1984.

FREEMAN, R. Edward (1999): "Response - Divergent Stakeholder Theory", in: The Academy of Management Review; 24, 2; April 1999, S. 233-236.

FREEMAN, R. Edward (2004): "The Stakeholder Approach Revisited", in: Zeitschrift für Wirtschafts- und Unternehmensethik; 2004: 5/3, S.228-241.

FRIEDMAN, Milton (1970): "The Social Responsibility of Business is to increase its Profits", in: New York Times Magazine, September 13, 1970, im Internet unter: Http.//www.colorado.edu/studentgroups/libertarians/issues/friedman-soc-resp-business.html, Recherche vom 08.08.2007.

GARRIGA, Elisabet / Melé, Domènec (2004): "Corporate Social Responsibility Theories: Mapping the Territory", in: Journal of Business Ethics 53, S.51-71.

GAZDAR, Kaevan / Habisch, André / Kirchhoff, Klaus Rainer / Vaseghi, Sam (2006): "Erfolgsfaktor Verantwortung – Corporate Social Responsibility professionell managen", Springer-Verlag, Berlin Heidelberg 2006.

GLAUBITZ, Jürgen (2006): „Shareholder Value", http://www.verdi-bub.de/wirtschafts_abc/archiv/shareholder_value, Recherche vom: 19.09.2007.

GODFREY, Paul C. / Hatch, Nile W. (2007): ""Researching Corporate Social Responsibility: An Agenda for the 21st Century", in: Journal of Business Ethics 70, S.87 - 98.

HAUFF, Volker (Hrsg.) (1987): „Unsere gemeinsame Zukunft. Der Brundtland-Bericht der Weltkommission für Umwelt und Entwicklung", Greven 1987.

HARRISON, Jeffrey S. / Freeman, Edward R. (1999): "Stakeholders, Social Responsibility, and Performance: Empirical Evidence and Theoretical Perspectives", in: Academy of Management Journal, October 1999, 42, 5, S.479 – 485.

HEMINGWAY, Christine A. / Maclagan, Patrick W. (2004): "Managers' Personal Values as Drivers of Corporate Social Responsibility", in: Journal of Business Ethics 50, S.33-34.

HEUGENS, Pursey / Dentchev, Nikolay (2007): „Taming Trojan Horses: Identifying and Mitigating Corporate Social Responsibility Risks", Working Paper 2007/434 der Universität Gent, im Internet unter: *http://www.feb.ugent.be/fac/research/WP/Papers/wp_07_434.pdf*, Recherche vom 20.09.2007.

ISO ADVISORY GROUP ON SOCIAL RESPONSIBILITY (Hrsg.) (2004): „Working Report on Social Responsibility", im Internet unter: http://inni.pacinst.org/inni/corporate_social_responsibility/WorkingReportonSR.pdf, Recherche vom: 30.8.2007.

JAMALI, Dima / Mirshak, Ramez (2006): "Corporate Social Responsibility (CSR): Theory and Practice in a Developing Country Context", in: Journal of Business Ethics, Volume 72, Number 3, Mai 2007, S. 243-262.

KIRCHHOFF, Klaus Rainer / Balzer, Arno / Gazdar, Grewe / Günther, Edeltraud / Habisch, André / Hecht, Jens (2007): "Das Good Company Ranking - Corporate Social Responsibility der 120 größten Konzerne Europas", im Internet unter: http://www.kirchhoff-consult.de/bilderpool/Kirchhoff_Dt.pdf, Recherche vom 07.09.2007.

KNIESE, Wolfgang (1996): "Die Bedeutung der Rating-Analyse für deutsche Unternehmen", DeutscherUniversitätsVerlag, Wiesbaden, 1996.

KLD RESEARCH & ANALYTICS (2007a): „Socrates", http://www.kld.com/index.html, Recherche vom 07.09.2007.

KLD RESEARCH & ANALYTICS (2007b): „Methodology", http://www.kld.com/research/methodology.html, Recherche vom 07.09.2007.

KLD RESEARCH & ANALYTICS (2007): „About KLD", http://www.kld.com/about/index.html, Recherche vom 07.09.2007.

KOLSTAD, Ivar (2006): "Why Firms Should Not Always Maximize Profits", CMI
Working Paper 2006:11, im Internet unter:
http://www.cmi.no/publications/file/?2349=why-firms-should-not-always-
maximize-profits, Recherche vom 06.09.2007.

KOMMISSION DER EUROPÄISCHEN GEMEINSCHAFTEN (2001): „Grünbuch -
Europäische Rahmenbedingungen für die soziale Verantwortung der
Unternehmen", im Internet unter: http://eur-
lex.europa.eu/LexUriServ/site/de/com/2001/com2001_0366de01.pdf, Recherche
vom:1.9.2007

KOMMISSION DER EUROPÄISCHEN GEMEINSCHAFTEN (2002): „Mitteilung
der Kommission betreffend die soziale Verantwortung der Unternehmen: ein
Unternehmensbeitrag zu nachhaltigen Entwicklung", im Internet unter:
http://eur-lex.europa.eu/LexUriServ/site/de/com/2002/com2002_0347de01.pdf,
Recherche vom 05.09.2007.

KPMG (2005): „KPMG International Survey of Corporate Responsibility Reporting
2005", im Internet unter: http://ec.europa.eu/employment_social/soc-
dial/csr/060403/kpmgsurvey2005_en.pdf, Recherche vom 06.09.2007.

KRÖHER, Michael O.R (2005): „Tue Gutes und profitiere davon", in: Manager
Magazin, Nr.2/2005, S.80-86.

KRÖHER, Michael O.R. (2007): „Good Company Ranking – Die Methode",
http://www.manager-magazin.de/magazin/artikel/0,2828,469382,00.html,
Recherche vom 07.09.2007.

LEXIKON DER NACHHALTIGKEIT (2007): „Dow Jones Sustainability Group Index
DJSGI",
http://www.nachhaltigkeit.info/artikel/dow_jones_sustainability_index_776.htm,
Recherche vom 07.09.2007.

LOADER, Adrian (2004): „Putting principles into practice", Shell (Hrsg.), Singapur,
UK 2004, im Internet unter: http://www.shell.com/static/media-
en/downloads/speeches/adrianloader_sg_csr_23022004.pdf, Recherche vom
06.09.2007.

LOEW, Thomas et al. (2004): „Bedeutung der internationalen CSR-Diskussion für
Nachhaltigkeit und die sich daraus ergebenden Anforderungen an Unternehmen
mit Fokus Berichterstattung", Münster, Berlin 2004, im Internet unter:
www.ioew.de/home/downloaddateien/csr-end.pdf, Recherche vom: 01.9.2007

MAIGNAN, Isabelle / Ferrell, O.C. (2004): "Corporate Social Responsibility and Marketing: An Integrative Framework", in: Journal of the Academy of Marketing Science 2004; 32; 3.

MARGOLIS, Joshua Daniel / Walsh, James Patrick (2001):"People and Profits? The Search for a Link between a Company's Social and Financial Performance", Lawrence Erlbaum Associates, 2001.

MARGOLIS, J.D. / Walsh, J.P. (2003): "Misery Loves Companies: Rethinking Social Initiatives by Business", in: Administrative Science Quarterly 48, S.268-303.

MAYER, C. (2003): "Firm Control", in: Schwalbach, J.:"Corporate Governance", S.69-90, Berlin 2003.

McGUIRE, Jean B. / Sundgren, Alison / Schneeweis, Thomas (1988): "Corporate Social Responsibility and Firm Financial Performance", in: Academy of Management Journal 1988, Vol.31, No.4, S. 854 – 872.

MOSKOWITZ, M. (1972): "Choosing socially responsible stocks", in: Business and Society Review (1), S.71 – 75.

MOSKOWITZ, M. (1975): "Profiles in Corporate Social Responsibility", in: Business and Society Review, 1975, 13, S.29 – 42.

MÜNTEFERING, Franz (2005): „Rede des SPD-Parteivorsitzenden Franz Müntefering auf dem 3. Programmforum der SPD: Demokratie. Teilhabe, Zukunftschancen, Gerechtigkeit" , in: Sozialdemokratische Partei Deutschlands (Hrsg.): http://partei.spd.de/servlet/PB/menu/1047695_ePRJ-SPDDE-print/index.html?id=1047695&project=SPD-Archiv, Zugriff am 1.9.2007.

NIENHÜSER, Werner / Jans, Manuel (2004): „Grundbegriffe und Grundideen der Transaktionskostentheorie – am Beispiel von „Make-orBuy"_Entscheidungen über Weiterbildungsmaßnahmen", im Internet unter: http://www.uni-essen.de/personal/GrundbegriffeTAKT.pdf, Recherche vom 20.09.2007.

OEKOM RESEARCH AG (2007a): „Über uns", http://www.oekom-research.com/ag/german/index_wir_ueber_uns.htm, Recherche vom 07.09.2007.

OEKOM RESEARCH AG (2007b): „Corporate responsibility rating", http://www.oekom-research.com/ag/german/crr.htm, Recherche vom 07.09.2007.

OEKOM RESEARCH AG (2007c): „Untersuchungsdesign", http://www.oekom-research.com/ag/german/crr_design.htm, Recherche vom 07.09.2007.

OEKOM RESEARCH AG (2007d): „Untersuchungskriterien", http://www.oekom-research.de/ag/german/crr_kriterien.htm, Recherche vom 07.09.2007.

ÖSTERREICHISCHES NORMUNGSINSTITUT (2005): "Corporate Social Responsibility – Handlungsanleitung zur Umsetzung von gesellschaftlicher Verantwortung in Unternehmen", 1. Auflage, Beuth Verlag GmbH, Berlin.

ORLITZKY, Marc / Schmidt, Frank L. / Rynes, Sara L. (2003): „Corporate Social and Financial Performance: A Meta-Analysis", in: Organization Studies 2003; 24(3); 403, S.403 – 441, im Internet unter: http://oss.sagepub.com/cgi/reprint/24/3/403, Recherche vom 02.09.2007.

ORLITZKY, Marc (2005): "Social Responsibility And Financial Performance: Trade-off or virtuous circle?", in: University of Auckland Business Review 7, Autumn 2005, S.37-43.

PICOT, A. (1982): "Transaktionskostenansatz in der Organisationstheorie: Stand der Diskussion und Aussagewert", in: Die Betriebswirtschaft, 42.Jg., 1982, Nr.2, S.267 – 284.

PINKSTON, Tammie S. / Carroll, Archie B. (1996): "A Retrospective Examination of CSR Orientations: Have They Changed?", in: Journal of Business Ethics 15, S.199-206.

PIRSCH, Juli / Gupta, Shruty / Grau, Stacy Landreth (2007): „A Framework for Understanding Corporate Social Respnsibility Programs as a Continuum: An Exploratory Study", in: Journal of Business Ethics 70, S.125 – 140, 2007.

PORTER, Michael E. / Morsig, Mette (2003): "CSR – a religion with too many priests?", in EBF 15, Autumn 2003, im Internet unter: http://www.eabis.org/ebf15porteronly_pdf_media_public.aspx, Recherche vom 06.09.2007.

PORTER, Michael E. / Kramer, Mark R. (2006): „Strategy & Society – The Link between Competitive Advantage and Corporate Social Responsibility", in: Harvard Business Review, Dezember 2006, S.1-15, im Internet unter: http://harvardbusinessonline.hbsp.harvard.edu/email/pdfs/Porter_Dec_2006.pdf, Recherche vom 05.09.2007.

PORTER, Michael E,, Kramer, Mark R. (2007): „Wohltaten mit System", in: Harvard Business Manager, 29.Jg., Januar, S.16-34.

PROMBERGER, Kurt / Spiess, Hildegard (2006): „Der Einfluss von Corporate Social (and Ecological) Responsibility auf den Unternehmenserfolg", Working Paper 26/2006 der Universität Innsbruck, im Internet unter: http://www.verwaltungsmanagement.at/602/uploads/csr_working_paper.pdf, Zugriff am 1.9.2007.

QUAZI, Ali M. / O'Brien, Dennis (2000): "An Empirical Test of a Cross-national Model of Corporate Social Responsibility", in: Journal of Business Ethics 25, S.33-51, 2000.

RUF, Bernadette M. / Muralidhar, Krishnamurty / Brown, Robert M. / Janney, Jay J. / Paul, Karen (2001): §An Empirical Investigation of the Relationship Between Change in Corporate Social Performance and Financial Performance: A Stakeholder Theory Perspective", in: Journal of Business Ethics 32, 2001, S.143 – 156.

SCHÄFER, Henry / Hauser-Ditz, Axel / Preller, Elisabeth C. (2004): Transparenzstudie zur Beschreibung ausgewählter international verbreiteter Rating-Systeme zur Erfassung von Corporate Social Responsibillity", in: Bertelsmann Stiftung (Hrsg.), im Internet unter: http://www.susfin.uni-stuttgart.de/fileadmin/downloads/Transparenzstu_CSR-Ratings.pdf, Recherche vom 05.09.2007.

SCHÄFER, Henry (2005): „Unternehmensrating hinsichtlich Nachhaltigkeit bzw. Corporate Social Responsibility (CSR)", im Internet unter: http://www.boeckler.de/pdf/mbf_csr_schaefer_2005.pdf, Recherche vom 07.09.2007.

SCHÄFER, Henry / Beer, Jana / Zenker, Jan / Fernandes, Pedro (2006): „Who is who in Corporate Social Responsibility Rating? A Survey of internationally established rating systems that measure Corporate Responsibility", im Internet unter: http://www.econsense.de/_CSR_INFO_POOL/_KAPITALMARKT/images/Transparenzstudie_2006_Bertelsmann.pdf, Recherche vom 08.09.2007.

SCHMITT, Katharina (2005): „Corporate Social Responsibility in der strategischen Unternehmensführung – Eine Fallstudienanalyse deutscher und britischer Unternehmen der Ernährungsindustrie", Öko-Institut e.V. (Hrsg.), Berlin, im Internet unter: http://www.oeko.de/oekodoc/259/2005-011-de.pdf, Recherche vom 1.9.2007.

SCHWALBACH, Joachim / Schwerk, Anja (2007): „Corporate Governance und die gesellschaftliche Verantwortung von Unternehmen", http://www2.wiwi.hu-berlin.de/institute/im/publikdl/SchwalbachSchwerk.pdf, Recherche vom 16.09.2007.

SEMLER, Christian (2004): „Die Super-Sozialarbeiter", in: Die Tageszeitung 15.12.2004, Nr.7540, S.13.

SIMON, Caroline (2000): „Vergleichende Betrachtung von Shareholder Value und Stakeholder Value", http://www.economics.phil.uni-erlangen.de/bwl/lehrbuch/gst_kap5/vglshstv/vglshstv.html, Recherche vom 17.09.2007.

SIROTA (2007): "Workers Satisfied With Company's Social Responsibility Are More Engaged and Positive, Study Shows", im Internet unter: http://www.upj-online.de/media/upj/downloads/Aktuelles/Nachrichten/5-CSR_Release_050207.pdf, Recherche vom 06.09.2007.

STEINMANN, Horst / Schreyögg, Georg (2002): „Management: Grundlagen der Unternehmensführung. Konzepte, Funktionen, Fallstudien", 5.Auflage, Wiesbaden 2002.

SYDOW, Anette (2005): „Gewissensfrage für Manager", in: Die Welt, 22.03.2005, Nr.68, S.12.

THOMMEN, J.-P. (2003): "Glaubwürdigkeit und Corporate Governance", 2., vollständig überarbeitete Auflage, Versus Verlag AG, Zürich 2003.

VAN MARREWIJK, Marcel (2003): "Concepts and Definitions of CSR and Corporate Sustainability: Between Agency and Communion", in: Journal of Business Ethics 44, S. 95-105.

VANCE, S.C. (1975): "Are socially responsible corporations good investment risks?", in: Management Review, 64 (8), S.19-24.

VISSER, Wayne (2006): "Revisiting Carrolls's CSR Pyramid. An African Perspective", in: Esben Rahbek Pedersen / Mahad, Huniche (Hrsg.): Corporate Citizenship in Developing Countries, im Internet unter http://www.waynevisser.com/csr_pyramid.htm, Recherche vom: 01.9.2007.

VOTAW, Dow (1972): "Genius Became Rare: A Comment on the Doctrine of Social Responsibility" in: California Management Review 15 (2), S.25-31.

WADDOCK, S.A. / Graves. S.B.(1997): "The Corporate Social Performance – Financial Performance Link", in: Strategic Management Journal 18, S.303 – 319.

WADDOCK, Sandra (2004): "Parallel Universes: Companies, Academics, and the Progress of Corporate Citizenship" . Business and Society Review, Vol. 109, S. 5-42, March 2004.

WAGNER, Franz W. (1997): „Shareholder Value: Eine neue Runde im Konflikt zwischen Kapitalmarkt und Unternehmensinteresse", in: Betriebswirtschaftliche Forschung und Praxis, 49. Jahrgang (1997), Nr.5, S.473-498.

WARTICK, Steven L. / Cochran, Philip L. (1985): "The Evolution of the Corporate Social Performance Model", in: The Academy of Management Review, October 1985, 10, 4, S.758 – 769.

WERNERFELT, B. (1984): „A Resource-based View of the Firm", in: Strategic Management Journal 5/1984, S.171 – 180.

WELTER, Friederike (2004): "Vertrauen und Unternehmertum im Ost-West Vergleich", in: Maier, Jörg (Hrsg.): „Vertrauen und Marktwirtschaft – Die Bedeutung von Vertrauen beim Aufbau marktwirtschaftlicher Strukturen in Osteuropa", Forost Arbeitspapier Nr.22, Mai 2004, im Internet unter: http://www.forost.lmu.de/fo_library/forost_Arbeitspapier_22.pdf, Recherche vom 21.09.2007.

WILLIAMSON, Oliver E. (1975): "Markets and Hierarchies", Free Press, New York 1975

WILLIAMSON, Oliver E. (1985): "The Economic Institutions of Capitalism. Firms, Markets, Relational Contracting", New York 1985.

WOOLDRIDGE, Jeffrey M. (2000): "Introductory Econometrics – A Modern Approach", South-Wertern College Publ., Cincinnati, Ohio 2000.

ZAHRA, Ahaker A. / LaTour, Michael S. (1987): „Corporate Social Responsibility and Organizational Effectiveness: A Multivariate Approach", in: Journal of Business Ethics 6 (1987), S.459 – 467.

ZSOLNAI, Laszlo (2006): "Extended stakeholder theory", in: Society and Business Review, Vol.1, No.1, 2006, S.37-44.